组织 Reframing

集团化办学背景下的薄弱学校改进

Improvement of Weak Schools Under the Background of Group Schooling

重构 Organization

唐明英◎著

当代世界出版社
THE CONTEMPORARY WORLD PRESS

图书在版编目（CIP）数据

组织重构：集团化办学背景下的薄弱学校改进 / 唐明英著. -- 北京：当代世界出版社，2024. 8. -- ISBN 978-7-5090-1846-0

Ⅰ. G639. 281

中国国家版本馆 CIP 数据核字第 2024ED8292 号

书　　名：组织重构：集团化办学背景下的薄弱学校改进
作　　者：唐明英 著
出 品 人：李双伍
策划编辑：刘娟娟
责任编辑：刘娟娟　姜松秀
出版发行：当代世界出版社有限公司
地　　址：北京市地安门东大街 70-9 号
邮　　编：100009
邮　　箱：ddsjchubanshe@163. com
编务电话：(010) 83907528
　　　　　(010) 83908410 转 804
发行电话：(010) 83908410 转 812
传　　真：(010) 83908410 转 806
经　　销：新华书店
印　　刷：廊坊市印艺阁数字科技有限公司
开　　本：710 毫米×1000 毫米　1/16
印　　张：11. 25
字　　数：152 千字
版　　次：2024 年 8 月第 1 版
印　　次：2024 年 8 月第 1 次
书　　号：ISBN 978-7-5090-1846-0
定　　价：79. 00 元

序　言

在一个不确定的时代，教育是确保确定的一根定海神针。然而，教育是否能成为定海神针也并不是确定的，而极可能就是足以翻江倒海的不确定本身。

要想使教育伏波镇海，就得把教育办好。办好教育很容易，也很难。容易是因为教育无非就是教师和学生，难也正是因为教育就是教师和学生。从一所学校来说，只要有最好的教师和最好的学生，结果一定是最好的教育。然而，学校不是一所，一个城市、一个地区、一个国家有很多所学校，教师和学生也千差万别。学校有优异的，有一般的，有薄弱的，教师和学生的资质、兴趣、动机、勤怠等更是各不相同。什么样的教师进入什么样的学校，什么样的学生选择什么样的学校，或反过来，什么样的学校挑选或获得什么样的教师和学生，这就必然导致存在多种互选方式和多种结果，从而就构成一个复杂的问题。

现代国家的一个基本职能是向所有人提供教育，普及了小学，又普及中学，今天，大学也大众化和普及化了。然而，数量越多，差异越大。如何为所有的人提供共同的教育，如何为各个学校配置教师、学生和资源，就成为现代教育最大的难题。

这个难题用学术术语来表述就是，优异与平等或质量与公平的问题。教育发展的理想状态、教育政策追求的目标是优质均衡。如何提高薄弱学校的水平，是优质均衡的关键。唐明英的《组织重构：集团化办学背景下的薄弱学校改进》（以下简称《薄弱学校改进》）就是探讨薄弱学校改进的新著，其长处在于面向实际，提出了真问题，并设法解决真问题。薄弱学校是教育强国、高质量教育体系、优质均衡教育的要害，更是学生、家长、教师和学校最关切的问题。《薄弱学校改进》研究的是一个真切的问题，这是颇为难得的。

薄弱学校既是宏观问题，也是微观问题。一切宏大叙事如果不落实到具体问题的解决上都是空谈。《薄弱学校改进》就是对具体问题的具体分析，切切实实地深入教育教学的现场，与一个个管理者、教师、学生亲密接触和交流，真切体验和感知薄弱学校人、物、事的心理和动态，细心体会和把握薄弱学校改进的具体过程。这样的研究就不是一般地空谈教育集团化和薄弱学校的思想理论、抽象原则和空洞逻辑，而是聚焦具体、鲜活和生动的事件，以及人的行为、心态、情感的日常，正是后者累积出集团化办学和薄弱学校改进的成效。

集团化办学研究已有很多，其中宏观层面的居多，具体到学校层面已属难得，论及个体则少之又少；集团化办学取得成功的不少，但失败的也不在少数，其原因最有待揭示。《薄弱学校改进》能深入管理者、教师和学生自身，特别是对其行为、感受和心态的描述和分析，深层挖掘和呈现了办学的日常和教育的运行，也极为难得地揭示了集团化办学和薄弱学校改进成败的原因。一切优异和优质（或者薄弱和平庸）其实并不是教师、学生和资源数据所显示的那么简单冰冷，而恰恰体现在学校及其师生员工日复一日、年复一年的劳作中。如果不能改进师生员工日常的劳作状态和心理感受，薄弱学校是不可能改进的，优质均衡的教育也不可能实现。所以，教育政策的目标可以是宏大和面向未来的，但出发点和落脚点应是具体和现实的，即始终以师生员工为中心。

具体深入的研究一定是以精心的构想和大量的投入为基础的。《薄弱学校改进》构思精巧，单是薄弱学校样本的挑选就极其用心，考虑到了教育集团的成熟度、规模、发展质量，教育集团中核心校和薄弱学校多种类型关系，薄弱学校的校长、教师、生源的不同状况，等等。本书写作过程中用力至勤，在资料的收集上更是投入了大量的精力和时间，访谈了85位校长、教师、学生、家长和社会人士，并走进学校和课堂进行实地调研，包括观察和听课。由此，在集团、校际、学校三个层面一一展开，抽丝剥茧地分析了共同的问题和不同的表现。研究发现，薄弱学校改进的要素是组织结构调整、人力资源重构、权力配置优化、组织文化重塑、集团规模差异、集团成熟度差异、校际关联差异、学校自身基础等。其实，细究起来，最核心还是校长、教师和学生，即人的精神面貌、心态和行为的变化。所以薄弱学校的改进在根本上就是人的变化及由人的变化而来的学校的变化。

《薄弱学校改进》确实有所创见，补前人所未及，在文献的广博、征引的宏富、理论的阐释、结构的完整、格式的规范上也有所长。之所以能如此，在于作者学术上的努力，持之以恒，孜孜以求，渐得学问之博奥；也在于作者的实践和阅历，作为学校管理者和集团化的亲历者，身在其中，积累了丰富的经验，不断反思，明辨规律，洞见本质。所谓自主知识体系，就是基于本土经验和文化的理论知识生产，《薄弱学校改进》正可谓一种尝试。

叶赋桂

2024年7月

目　录

绪　论

党的二十大报告强调："教育、科技、人才是全面建设社会主义现代化国家的基础性、战略性支撑。"当前，各国都把教育质量提升当成重要工作，其中，薄弱学校改进是一个全球性的挑战，受到各国政府的高度关注，许多国家把改进薄弱学校作为教育改革的核心目标之一。我国更是紧紧围绕办好人民满意的教育，抓住薄弱学校改进这个重点，实施一系列重大举措，取得了显著成效。实践中，实施集团化办学[①]，发挥优质教育资源的辐射作用，带动薄弱学校改进，成为近年来我国推动教育事业高质量发展、促进教育公平的重要改革举措。研究教育发展中的这个改革探索，评估薄弱学校改进的实践成效，提出促进教育均衡优质发展的思路建议，具有重要的现实意义。本书以北京市K区加入集团化办学的五所薄弱学校为研究对象，以鲍曼和迪尔的组织重构理论，以及迪马吉欧和鲍威尔的组织同构理论为研究工具，分析加入集团化办学后，薄弱学校发生的变化，以及如何发生的变化，即薄弱学校改进的机制，指出薄弱学校需要处理好的三个层面的问题，总结影响薄弱学校改进的要素，提出薄弱学校快速持续改进的策略和建议，为公共部门制定相关政策提供依据，也为更好地推动教育质量

① 本书中集团化办学主要指基础教育集团化办学。

提升和促进教育公平提供借鉴。

一、本书问题的提出

近年来，在国家政策支持引导下，集团化办学成为扩大优质教育资源供给、促进优质教育资源共享、推进基础教育优质均衡发展的重要举措，也是满足人们日益增长的在家门口“上好学”需求的一种实践探索，更是我国建设高质量教育体系的一种政策创新。2017 年，中央办公厅、国务院办公厅印发的《关于深化教育体制机制改革的意见》提出：“改进管理模式，试行学区化管理，探索集团化办学，采取委托管理、强校带弱校、学校联盟、九年一贯制等灵活多样的办学形式。”同年，国务院印发的《国家教育事业发展“十三五”规划》指出，要通过“推广集团化办学、强校带弱校、委托管理、学区制管理、学校联盟、九年一贯制学校等办学形式，加速扩大优质教育资源覆盖面，大力提升乡村及薄弱地区义务教育质量”。2020 年，根据中央文件精神，印发《教育部等八部门关于进一步激发中小学办学活力的若干意见》，明确提出：“强化优质学校带动作用。深入推进学校办学机制改革，积极推进集团化办学、学区化治理，统筹学校间干部配备，推动优秀教师交流，完善联合教研制度，带动薄弱学校提高管理水平，深化教学改革，增强内生动力，促进新优质学校成长，不断扩大优质教育资源，整体提高学校办学质量。完善集团化办学机制，加大场地设施资源和优质课程教学资源的统筹力度，帮扶薄弱学校和农村学校提高办学水平。”党的二十大报告进一步提出，“坚持以人民为中心发展教育，加快建设高质量教育体系，发展素质教育，促进教育公平”，同时要“加快义务教育优质均衡发展和城乡一体化，优化区域教育资源配置”。

党的十八届三中全会以后，随着教育综合改革的不断推进，在北京市委教育工作委员会、北京市教育委员会的领导下，北京市 K 区集团化办学蓬勃发展。截止到2022年年底，K区义务教育公办中小学优质资源已实现100%覆盖。在集团化办学的模式下，通过推动优秀教育理念、管理模式、课程体系、师资队伍的合理流动与共享，促进薄弱学校改进，从硬件提升到软环境的打造，在更高层次上推动K区基础教育优质均衡发展。在名称上属于优质教育集团的薄弱学校，是否真正发生了大家期待的变化，是否达到教育改进效果，是集团化办学各相关办学主体共同关心的问题，也是实现教育公平的关键。因此，有必要对加入集团化办学后，薄弱学校究竟发生了哪些变化，这些变化又是如何发生的，也就是薄弱学校实现改进的机制，以及如何实现薄弱学校的快速持续改进等方面的内容开展研究，梳理薄弱学校改进存在的短板、差异，以及影响改进的要素，从而更好地推动加入集团化办学的薄弱学校实现教育质量提升。

二、本书的意义

1. 理论意义

国外学者运用鲍曼和迪尔的组织重构理论，研究指导高校、政府和学校内部的教研组等进行组织重构，从而推动学校改进，取得了良好的效果。目前国内还鲜有学者运用此理论来研究薄弱学校改进问题，用于研究集团化办学背景下薄弱学校改进问题的更是几乎没有。笔者尝试用此理论来分析集团化办学背景下薄弱学校改进的现状，丰富组织重构理论的运用。同时，将组织重构理论引入中国基础教育领域，以组织重构理论的四个视角来对集团化办学背景下薄弱学校改进开展分析研究，丰富和完善了集团化办学和薄弱学校改进的理论研究体系，拓展了看待集团化办学的视角，为薄弱学校改进提供了新思路。因此，以组织重构理论为基础，分析集团化办学背景下薄弱学校的改进，无论是对组织重构理论本身的运用，还是对集团化办学和薄弱学校改进的理论研究，都起到了一定的丰富和发展的作用。

2. 现实意义

薄弱学校的改进对解决我国现阶段教育的主要矛盾、推动教育优质均衡发展具有深远意义。我国教育领域当下的主要矛盾主要体现为，人民群众对于优质教育的需求和现阶段我国教育资源供给不均衡的矛盾，大量薄弱学校的存在是我国教育发展不均衡的具体表现。集团化办学是改进薄弱学校、提升薄弱学校办学质量的重要举措。在实现教育优质均衡的过程中，K区主要是通过集团化办学，实现了薄弱学校的改进，扩大了优质资源的供给，满足了人民群众在家门口“上好学”的愿望。五所样本校基本上代表了目前K区处在不同发展阶段的薄弱学校。因此，通过对加入集团化办学的薄弱学校的改进进行研究分析，梳理影响薄弱学校改进的要素和薄弱学校改进需要共同面对的重点问题，提出提升薄弱学校改进的具体措施，对于推动教育优质均衡发展具有重要意义。根据调研分析形成的研究结论能为薄弱学校相关的办学主体如何正确看待薄弱学校改进、如何推进薄弱学校改进提供参考。一方面，本书可以促使教育行政部门重新审视集团化办学的相关政策，对教育行政部门完善相关配套政策提供支撑，对集团化办学的有效实施提供政策建议。另一方面，本书也可以为后续薄弱学校依托集团化办学实现自身的改进提供实践路径参考。

从管理实践来看，本书不仅为薄弱学校改进提供实践路径的参考，也为薄弱学校管理者提供多视角的参考。组织重构的四个视角中，每个视角都揭示了单个方面的重要性，但是仅靠单独一方面无法抓住事情的整体。要建立一个系统的整体图景，必须站在多视角的框架上。多视角的思考具有挑战性，管理者需要将各种视角综合成一个完整的获得领导能力的方法。

第一章　集团化办学与薄弱学校改进研究现状

一、主要概念界定

（一）集团化办学

1. 集团

“集团”由“集”和“团”两个字组成，“‘集’侧重于以数量和规模为手段的形式扩张，侧重在不同个体之间建立形式上的联系与组合，‘团’是组合内个体之间基于要素的深层互动，侧重以要素为抓手，构建相互勾嵌、彼此融合的共同体”①。《现代汉语词典》认为，以实现既定目标为根本而组织的实施共同行动的企业或团体就是集团。该定义包含两大要点：一是有既定目标，二是实施共同行动，从中可以看出，集团内部成员的组合是有目的、有指向的，绝非随意而胡乱的组合，彼此有着共同的利益追求，在实践中行为发生交集，向着共同愿景前进，逐渐形成共同意志，行为趋于统一。② “集团”一词最初并不是出现在教育学领域，而是在政治学领域，“相关概念包括压力集团、利益集团等，阿瑟·本特利、戴维·杜鲁门、曼瑟·奥尔森、厄

① 范小梅、戴晖、刘晓：《我国基础教育集团化办学的实践逻辑》，载《教育与教学研究》，2020 年第 34 卷第 1 期，第 89 页。

② 吴烨茜：《上海集团化办学研究》，华东师范大学硕士论文，2016 年 5 月，第 7 页。

尔·拉瑟姆、约翰·康芒斯等均为集团研究的早期代表，其研究成果为集团行动理论奠定了基础”①。有学者把集团的本质特征概括为三个方面，分别是：“利益”“公共物品”“压力”。并由此得出，“集团的行动是一种以‘利益’为出发点，以‘压力’为基本动力，以‘公共物品’为主要诉求的实践”。② 也有的学者对集团特征进行分析，梳理为四点，分别是：有明确的目标或是要实现特定的功能；成员来自特定区域内，所有成员都清醒地意识到自己是这个集团中的一分子；集团中的成员分工合理而明确、地位稳固而明晰，形成相应的制度；集团形成完善的规则，所有成员都要执行。此外，集团有较强的稳固性，不会在短期内解散。③ 吴烨茜认为，集团最基本的职能就是对内部与外部环境发生的本质改变快速予以积极回应，与单一而分散的个体相比，集团最重要的职能就是把握发展目标与方向，并为目标的实现选择有效的路径与策略。④ 教育集团作为集团的一种，也具备集团的基本特征和职能，在集团化办学中，要充分考虑集团的这种特征和职能，才能真正推进好集团化办学。

2. 教育集团

对于“教育集团”的定义，有学者认为，教育集团是教育产业化的产物，是近年来发展较为迅速的教育开发经营的新型组织形式，各种教育集团在发展中选择了不同的模式，经营方式较为灵活，却有着同样的本质，即企业介入教育领域的发展。⑤ 有学者归纳认为，教育集团是通过联合结盟或者契约等方式建立起来的学校联合体。⑥ 对于教育

---

① 吴烨茜：《上海集团化办学研究》，华东师范大学硕士论文，2016 年 5 月，第 90 页。

② 范小梅、戴晖：《基础教育集团化办学的缘起、动因与实现路径》，载《教学与管理》，2019 年第 34 期，第 13 页。

③ 肖丽丹：《哈尔滨市义务教育集团化办学的问题及对策研究》，哈尔滨师范大学硕士论文，2020 年 6 月，第 11 页。

④ 同①，第 7 页。

⑤ 高耀明、魏志春：《论我国教育集团发展的现状和趋势》，载《高等教育研究》，2001 年第 6 期，第 36—42 页。

⑥ 曹美琦：《基础教育集团化办学的实践反思》，载《教学与管理》，2018 年第 10 期，第 9 页。

集团的功能，很多学者认为，教育集团是以优质教育资源整合为核心目标，为了促进现有教育资源的整合以及优化配置，使教育集团内部的各学校资源共享，优势互补，互促成长，集团化办学就是扩大优质教育资源覆盖面，实现优质资源的可视化和获得感。① 教育集团在一定程度上缓解了我国教育供求关系紧张的状况，也给学校教育和管理带来了许多积极的变化。

综合以上的观点，笔者认为，教育集团是为促进教育公平，在地方政府主导下，在基础教育领域，以一所优质学校为核心，联合一定数量的薄弱学校，在一定区域内组合而成的大规模、多层次的学校联合体。

3. 集团化办学

在国内，集团化办学至今已有20多年。20世纪90年代，有些地区为了使优质教育资源能在更广的范围内得到有效利用，尝试着以集团化的方式办学。在此期间，各级教育部门逐渐形成对集团化办学的共识。最近十年内，国家层面印发了关于集团化办学的一系列政策文件。通过对这些文件进行梳理能看出，这种办学模式已经正式获得国家层面的认同；国家层面也建议各个地区积极推进集团化办学。从文献研究来看，学者在不同时期，对"集团化办学"概念界定的侧重点也不一样，至今未有一个统一的概念。

在集团化办学早期，朱向军认为，集团化办学是在政府的统筹下，征得各学校同意，以一所优质学校为中心校，与众多学校共同建立教育集团。② 梁淑丽认为，集团化办学是由政府引导的，为提升教育质量

① 马一先：《农村小规模学校集团化办学影响因素研究》，沈阳师范大学硕士论文，2021年5月，第26页；张琦童：《以集团化办学模式推进基础教育城乡均等化研究》，山东大学硕士论文，2020年12月，第16页；姜慧敏：《民办学校集团化办学的运行机制研究》，南京师范大学硕士论文，2020年3月，第13页。

② 朱向军：《名校集团化办学：基础教育均衡发展的"杭州模式"》，载《教育发展研究》，2006年第9期，第18—23页。

和进行资源共享而使两个以上的学校进行合作运营的一种模式。[①] 由此可以看出，在早期的集团化办学中，强调了政府的引导作用。但与之相对，以张慧峰为代表的另外一些学者则强调集团化办学是学校的主动行为。[②] 学者范小梅和戴晖则从强调集团化办学目的的角度进行定义，他们认为，集团化办学就是把优质教育资源运用于更广的范围，促进其可视化发展。[③]

综上所述，笔者认为，集团化办学是指在一定区域范围内，为满足人民群众在家门口“上好学”的需求，在地方政府的积极引领下，以一所名校为核心，充分利用优质教育资源，带动几所薄弱学校，形成教育集团，通过制定共同的教育发展愿景与目标，实现资源共享、优势互补的组织管理模式。在实践中，对集团化办学有不同的叫法，常见的有“义务教育集团化办学”“名校集团化办学”“中小学集团化办学”等。本书认为，尽管用词不完全一致，但是这些研究的范围基本都在基础教育领域，对本书也有非常好的借鉴价值。

（二）薄弱学校

世界各国对“薄弱学校”的界定不尽相同：英国是通过学校的考试成绩、辍学率、义务教育结束时的升学率等评估指标落后于全国平均标准进行认定。[④] 美国教师联合会归纳了九条薄弱学校的特征。从我国当前研究层面与实践层面的情况看，“薄弱学校”的概念尚未统一，没有为其设定界定标准，只是简单地对其进行描述。在我国，“薄弱学校”这种说法始于 1986 年，原国家教育委员会（现教育部）专门针

---

① 梁淑丽：《义务教育推进优质均衡背景下名校集团化办学问题研究》，南京师范大学硕士论文，2013 年 3 月。

② 张慧峰：《集团化办学模式下的委托管理研究》，中央民族大学硕士论文，2017 年 5 月，第 5—8 页。

③ 范小梅、戴晖：《基础教育集团化办学的缘起、动因与实现路径》，载《教学与管理》，2019 年第 34 期，第 12—14 页。

④ 郑立群、胡颖哲、曾庆伟等：《基本系统论的薄弱学校改进策略》，载《当代教育科学》，2019 年第 7 期，第 72—77 页。

对初中学校改革中如何招生提出意见，在印发的《关于在普及初中的地方改革初中招生办法的通知》中要求，各个地区要对薄弱学校建设与发展予以重视，要采取合理措施促进此类学校办学能力的增强，完善设备设施、修缮校舍、划拨充足的经费、培育优秀教师。1998年，教育部对义务教育阶段城市薄弱学校建设与发展表示关注，专门为此印发《关于加强大中城市义务教育阶段薄弱学校建设，办好义务教育阶段每一所学校的若干意见》，对“薄弱学校”作出了界定：在大中城市的一些中小学校中，或因办学条件相对较差，或因领导班子力量不强、师资队伍较弱以及生源等方面的原因，使得学校管理不良，教学质量较低，社会声誉不高，学生不愿去、家长信不过。[①]

从学术研究来看，目前在中国知网上能查到的最早对“薄弱学校”进行界定的是全国人大教科文卫委员会的吴福生同志。1996年，他在《中国教育学刊》的文章《关于强化义务教育的若干思考》中指出，薄弱学校在多个方面的表现都不尽人意，包括软硬件配备、教学质量、教师素养和管理能力等。[②] 随后，其他学者从多个角度对“薄弱学校”进行了界定。以熊梅和陈刚等为代表的众多学者重点关注办学硬件与软件的情况：在硬件上，校舍破旧而简陋，设施设备不齐全、办学中出现超负荷现象、图书资料不够丰富等；在软件上，班子成员能力弱、管理水平低、教师素质不达标、生源质量差、无法创造较高的社会效益，家长认可度低。[③]

随着对薄弱学校研究的深入，学者也从不同学科或者理论的视角，对“薄弱学校”进行了界定。郭清扬从教育均衡的视域出发，认为，

---

① 《教育部关于印发〈关于加强大中城市薄弱学校建设，办好义务教育阶段每一所学校的若干意见〉的通知（1998年11月2日）》，http://www.moe.gov.cn/s78/A06/jcys_left/moe_706/s3321/201001/t20100128_81826.html。

② 吴福生：《关于强化义务教育的若干思考》，载《中国教育学刊》，1996年第2期，第5—9页。

③ 熊梅、陈纲：《标本兼治综合治理——关于我国部分大中城市义务教育阶段加强薄弱学校建设情况的调研报告》，载《教育研究》，2020年第4期，第39—45页。

薄弱学校是指那些没有达到基本办学标准的学校，在办学水平、班子能力、师资力量、生源质量、教学能力、社会口碑等方面都表现比较差的学校。[①] 胡定荣在对“薄弱学校”进行界定时重点关注教育质量，认为，在办学条件上达不到标准、办学质量长期得不到提升、不能创造较高综合效益的学校属于薄弱学校。[②] 贺武华等从社会学层面对此概念进行分析，认为，在学校系统中，薄弱学校是指处于办学底层、未拥有充足的生存与发展资本、育人能力明显偏弱的学校。[③] 周常稳和周霖则从文化社会学的视角出发进行分析，认为，薄弱学校是指在基础教育阶段某一特定区域内长期处于学校系统底层，因此在生存、发展资本相对匮乏的场域中累积形成了较为消极且稳定的惯习、制度和价值观等非物质形式而导致办学质量差、综合效益低的学校。[④]

虽然，学界对“薄弱学校”的界定各有侧重，但在以下四个方面还是比较统一的。第一，将其看作一个描述性概念，学校硬件与软件两方面都有欠缺，前者体现在设备设施、环境、校舍较差等方面；后者体现在办学理念落后、师资力量薄弱、管理模式呆板、社会口碑不佳、家长社会认可度低等。第二，将其视为一个动态概念，随着经济社会的总体发展，学校评估标准上限提高，原本的优秀学校也可能会因停滞不前逐渐变成薄弱学校。第三，将其看作一个相对概念，与同一级别或类型的学校相比明显落后的学校，或是后进学校，这些学校实施的义务教育达不到国家标准，有些学校尽管已经达到标准，但与地方政府设定的质量标准相比有较大差距，不能满足社会需求，在生

---

① 郭清扬：《义务教育均衡发展与农村薄弱学校建设》，载《华中师范大学学报（人文社会科学版）》，2013 年第 52 卷第 1 期，第 161—168 页。

② 胡定荣、徐昌、李先平等：《影响薄弱学校初中生学业成绩的主因素分析》，载《教育理论与实践》，2010 年第 29 期，第 39—41 页。

③ 贺武华、杨小芳：《薄弱学校发展困境的社会学解释》，载《教育发展研究》，2006 年第 14 期，第 48—52 页。

④ 周常稳、周霖：《文化社会学视阈下薄弱学校的形成机制及改进路径》，载《理论月刊》，2019 年第 8 期，第 154—160 页。

源、师资、办学软硬件等方面都与重点学校存在一定的差距。[①] 第四，将其看作一个区域性概念，即在不同区域、城乡以及校际具有不同的表征。

本书中的“薄弱学校”，是指加入集团化办学的一类学校，是与组成教育集团的优质资源校或者名校相对而言的，主要指在加入集团化办学前，在管理水平、师资力量、班子成员素质、教育资源、教学水平、生源质量、家长认同度等方面与教育集团的优质资源校有一定差距，需要借助集团的规模效应，提升学校办学质量的这一类学校。在实践中，也有把薄弱学校称为“基础薄弱学校”或者“普通校”。

（三）学校改进

改进科学于20世纪70年代在美国进入公共服务领域并取得良好的效用，于21世纪被引入教育领域，教育改进学得以创建。[②] 1855年，埃德温·雅各布（Edwin Jacob）在研究中提到“教育改进”这种说法，是较早进行这方面研究的西方学者。[③] 在中国，陶行知先生基于中华文化关于改进的教育智慧，于1930年提出了“改进之意即在使坏者变好，好者变为更好”，第一次为“教育改进”给出了现代定义。随着实践和研究的深入，越来越多的学者对“教育改进”和“教育改进学”有了基于实践的界定。韩笑等学者指出，教育改进是一个明显有别于教育改革、创新、发展等的概念，教育改进的实施主体比较多，个体、系统、国家，甚至是整个世界，都可以对教学方法与过程进行调整，与一系列价值尺度有必然联系，包括速度、延展性、强度、效

---

① 强金龙:《论薄弱学校的改造与建设》,载《法制与社会》,2011 年第 4 期,第 199—200 页。

② 秦一鸣、蔡心心、李军:《教育改进学的创建与中国探索:科学内涵与理论溯源》,载《清华大学教育研究》,2020 年第 3 期,第 15—24 页。

③ 蔡心心、秦一鸣、李军:《教育改进学的创建与中国探索:知识基础与学科框架》,载《清华大学教育研究》,2020 年第 3 期,第 25—33 页。

率等，以达到解决问题的目的。[①] 部分学者指出，教育改进学是一种实践性较强的教育方法论，也可以将其看作教育认识论，需要改进的内容客观存在于实践中，包括政策、工具、流程、方向等，重点研究人们的工作习惯与组织结构及规范之间的联系。[②] 有学者还认为，教育改进学中涉及多个基础概念，这些概念融汇在一起，为该学科的快速发展创设了合理语境，可以改进的内容包括关键问题、多样化目标、可持续性、行动依据、科学设计等七个方面。在长期实践研究的基础上，广大学者就教育改进学在以下方面基本达成了共识：一是教育改进学是一门教育科学，是改进科学和教育科学的交叉学科。[③] 二是其科学内涵应当具备两个核心，即进步指向和可持续性。三是其理论基础是教育变革的相关研究，因此深受变革模型的影响，但是又避免了变革理论忽视对正向目的和内容追求的天生缺陷，因此避免了变革理论局限于关注效能等单一性问题。笔者认同蔡心心等学者关于“教育改进学”的界定，即以问题为导向，以教育实践达成进步的过程或者手段为研究对象的一门交叉学科，最基本的特征就是要在实证分析的过程中对共同体建设进行专业改进，以促进教育质量提升，真正实现发展。[④]

学校改进是教育改进在学校的实践，以学校为具体的教育问题场景。因此，学校改进遵循教育改进学的基本原理、方法论和研究范式。对于“学校改进”这一概念，学者给出的定义有所不同。有学者在下定义时是从宏观层面入手的，认为，学校改进具有较强的系统性与复杂性，要设定目标且有计划地实施变革，引领学校向着理想的目标前进。有学者指出，学校改进的目的就是要使学校具备更强的变革能力，

① 韩笑、陈唤春、李军：《教育改进学的创建与中国探索：方法论》，载《清华大学教育研究》，2020 年第 3 期，第 34—41 页。

② 蔡心心、秦一鸣、李军：《教育改进学的创建与中国探索：知识基础与学科框架》，载《清华大学教育研究》，2020 年第 3 期，第 25—33 页。

③ 李茂菊、修旗、李军：《教育改进学的创建与中国探索：专业改进共同体》，载《清华大学教育研究》，2020 年第 4 期，第 18—27 页。

④ 秦一鸣、蔡心心、李军：《教育改进学的创建与中国探索：科学内涵与理论溯源》，载《清华大学教育研究》，2020 年第 3 期，第 15—24 页。

拥有良好的学习条件，为持久而系统的变革付出努力。① 有学者认为，学校改进要以发展中遇到的问题为侧重点，使学校的发展理念、运作要素等发生彻底与有效的变革，使学校能逐渐接近理想目标，实现发展。② 有些学者从微观、具体化的角度，挖掘学校改进的必要条件。有学者认为，教学变革是学校改进的重要基础，要为教学改革带来良好条件。有学者指出，学校改进需要具备三个条件，即持续改进学校中每一个人的价值观、全面增强学校主体能力和综合提升绩效。尽管学者在研究中选择了不同的研究视角，但这些学者的观点有共性特征，一致认为，学校改进具有动静结合的特征，既要让结果得以改进，也要实现持续发展，努力追求卓越。现阶段多数学者在该领域的研究中直接引用经济合作与发展组织在 1985 年给出的定义，即学校改进是从内外部条件或学习条件等方面有计划、持久地努力让一所或多所学校发生积极转变，意在尽快实现教育目标。③ 笔者认同这一概念界定，因为该定义明确指出要持续改良学校内外部条件，而且要制定周密的计划、构建管理系统、持续进行优化，要同时为教师专业成长与学生全面发展负责，改变的内容包括学校组织结构、教学实践等，这是学校改进的核心内容。

二、集团化办学与薄弱学校改进研究现状

（一）集团化办学

“集团化办学”是本书的关键词之一，本书首先对集团化办学的研

① 徐长虹、徐玲：《我国中小学学校改进研究述评与展望——基于 2005—2021 年 CNKI 文献的知识图谱分析》，载《教育经济评论》，2022 年第 7 卷第 4 期，第 112—128 页。

② 陈丽：《学校改进的特征与价值取向分析》，载《教育科学研究》，2010 年第 11 期，第 5—8 页。

③ 同①。

究情况作整体分析，以了解集团化办学的整体研究趋势和现状。①

1. 国内文献计量分析

为对集团化办学的整体情况有全面的了解，笔者首先选取“集团化办学”为主题词，以中国知网数据库为检索范围，共找到4055篇文献，从研究主题的分布情况来看，学者对职业教育领域集团化办学的研究要远远高于基础教育。为对文献情况了解更深入，在以“集团化办学”为主题词的情况下，首先看期刊发文情况。期刊刊发“集团化办学”相关文章总计2086篇。从期刊涉及的主题来看，如表1所示，仍然以“职业教育集团化办学”的研究为绝大多数。其次再看硕、博士发文情况。硕、博士发表与“集团化办学”相关论文共计244篇。从这244篇的主题来看，“职业教育集团化办学”的研究仍然占了较大比重，同时，“义务教育集团化办学”的研究占比明显上升。在此基础上，以“集团化办学”为关键词，搜索到相关文献2171篇，无论是期刊发文情况，还是硕、博士发文情况，与以“集团化办学”为主题词搜索的发文情况和研究的发展趋势基本一致。

表1 以“集团化办学”为主题词搜索期刊发文的主题统计情况

主题	发文数
职业教育集团化办学	500
职教集团	408
校企合作	246
职业教育	236
职业教育集团	208
办学模式	113
职业院校	95

① 本部分数据库检索的时间均截止到2021年11月30日，国内使用的数据库是中国知网，国外文献使用的是EBSCO平台上的ERIC数据库。

续表

主题	发文数
高职院校	90
集团化办学模式	89

资料来源：作者根据中国知网数据自制。

在对“集团化办学”的相关研究有整体了解的情况下，笔者选取“基础教育”和“集团化办学”为主题词，进行进一步的搜索和分析。在中国知网数据库，共找到相关文献 297 篇，其中期刊 109 篇，硕、博士论文 86 篇，下面从研究时间、研究主题、研究层次、作者地域、研究成果来源和研究热点等方面进行比较分析。

从发表年份来分析，如图 1 所示，整体研究在 2012 年前比较少，从 2012 年开始呈现大幅上升趋势。第一个研究高峰出现在 2016 年，达到 30 篇；第二个研究高峰在 2019 年，达到 55 篇；第三个研究高峰在 2021 年，达到 57 篇。同时，也可以看到，能查到的最早研究出现在 2005 年，共有两篇：一篇为发表在《浙江日报》上的文章，对浙江省杭州市实施名校集团化办学破解了老百姓“上好学”的难题给予了充分肯定与宣传。另一篇为浙江省杭州市教育局政策法规处朱向军的文章《基础教育均衡发展的杭州模式——名校集团化办学剖析》。该文章被收入《2005 年中国教育经济学年会会议论文集》，其下载量达 878 次，被转引 10 次，应该是有文献可查的最早对集团化办学开展专项研究的文章。这与我国集团化办学始于杭州市的实践分不开。在这篇文章中，朱向军把“集团化办学”称为“名校集团化办学”，此后，不少研究者便把二者同等看待。

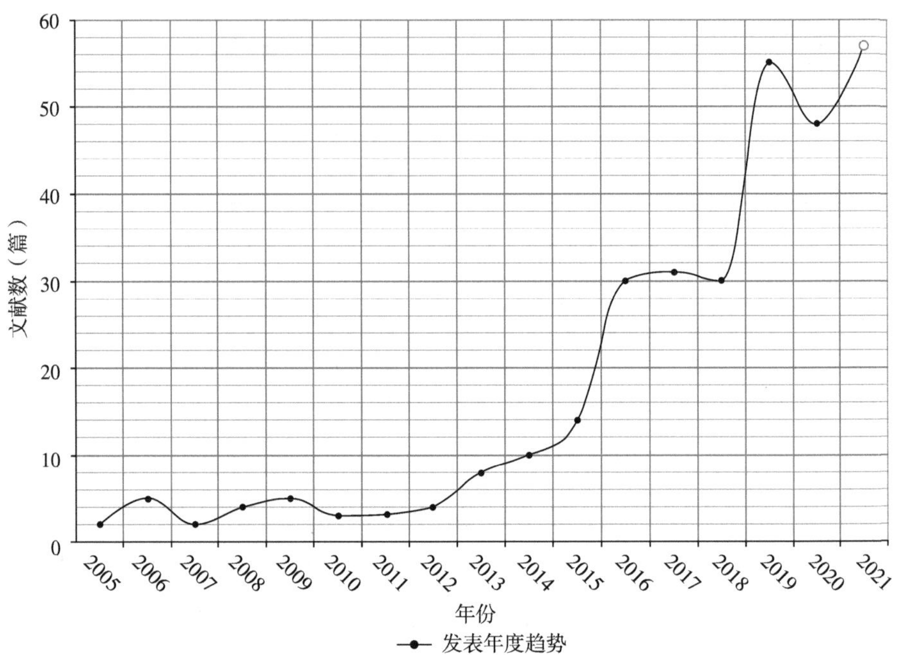

图1　以“基础教育”和“集团化办学”为主题词的文献发表年份结果统计情况

资料来源：作者根据中国知网数据自制。

从时间统计图上不难看出，目前学者对集团化办学关注度和研究热情依然较高。

从研究主题来分析，居于首位的是集团化办学，其次为名校集团化、义务教育，紧随其后的是教育集团、优质教育资源，跻身前十位的还有集团化办学模式、基础教育均衡发展、办学模式、均衡发展、优质均衡。另外还发现，集团化办学一直是研究的热点；从集团化办学的内部来说，研究的热点集中在教育资源、办学模式、办学战略和教育管理等方面。①

① 杜玲玲、段鹏阳：《我国基础教育学区制与集团化办学研究回顾及展望（1992—2019）——基于 CiteSpace 的可视化分析》，载《当代教育论坛》，2020 年第 3 期，第 1—11 页。

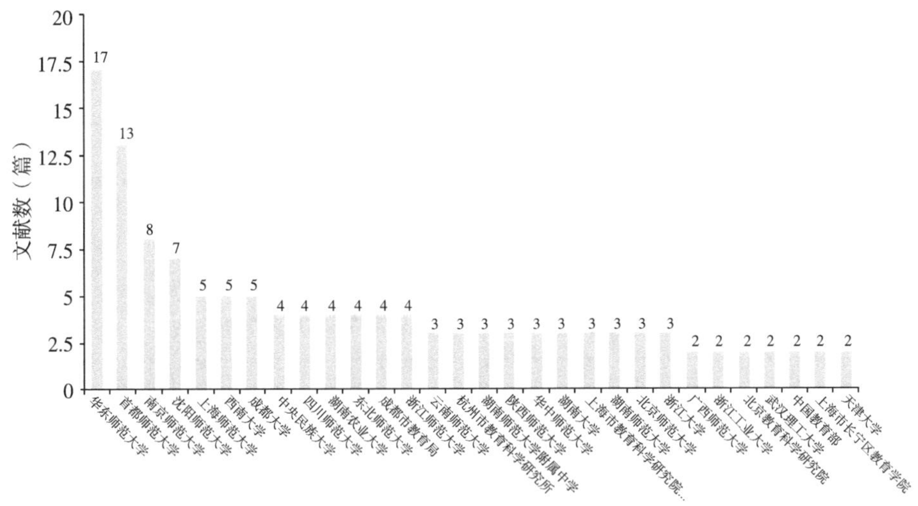

图 2　以“基础教育”和“集团化办学”为主题词的文献研究机构来源结果统计情况

资料来源：作者根据中国知网数据自制。

从研究机构分析可以看出，如图 2 所示，研究学者主要来自各大高校，其中以位于上海市的华东师范大学最多，达到 17 篇，位于北京市的首都师范大学达到 13 篇，南京师范大学、沈阳师范大学、上海师范大学、西南大学和成都大学也进入了前五。整体上看，研究机构绝大部分位于东部，来自西部的非常少。从研究机构来源也可以看出，作为具体参与集团化办学实践的一线中小学或者教育行政部门，对集团化办学的研究非常少，这固然与这个群体专注于实践有关，但是从研究能够更好指导实践的角度来说，实践一线的相关人员也应当加强对集团化办学的研究。

2. 国外文献计量分析

集团化办学作为促进基础教育均衡发展的一种模式，在其他国家也有大量的探索和实践。早期的集团化办学绝大部分是在私立教育比较发达的国家或者地区以连锁式大型教育机构的形式出现的。在不同的国家，其称谓也略有不一样。常见的有 federation of schools、clustered schools、twinned schools，美国用 charter schools 和 clustered schools 比较多，英国则用 school to school collaboration 和 federation of schools 比较多。在 ERIC 数据库里，笔者分别用以上词汇或者词汇组合为主题词进行搜索，结果如表 2 所示。总体来看，集团化办学作为教育改革的主要措施，也得到了国外学者的高度关注。

表 2　“集团化办学”相关外文文献发文情况

主题词	发文数
school to school collaboration	602
school to school collaboration elementary schools	115
clustered schools	101
clustered schools elementary schools	25
charter schools	7641
charter schools elementary schools	775
charter schools elementary schools secondary schools	194

资料来源：作者根据 ERIC 数据自制。

从以上数据可以看出，国外学者对集团化办学开展的研究还是比较充分的。综合起来，主要对制度机制、管理者领导力、学生学业状况和集团化办学的现状等方面开展了研究。

（二）学校改进

在国家教育政策方针调整的推动下，学校改进成为近些年基础教育领域受到广泛关注的热点问题。本文以主题词“学校改进”为检索内容，以中国知网数据库为检索范围，获得文献数量共计 2490 篇，其中硕、博士论文 290 篇、期刊发文 1359 篇。最早以“学校改进”为主题的论文是由梁歆、汤才伟于 2005 年发表的《学校改进：超越新课程的教育变革策略》。2005 年，教育部对义务教育发展不均衡的问题进行分析且印发意见性文件，明确指出，要让高水平公办学校对周边学校的发展起到辐射与引领、带动与示范作用，为学校改进提供了政策支持。从发文总量看，2010 年出现第一个研究高峰，年度研究文献为 116 篇；2018 年出现第二个研究高峰，年度研究文献为 172 篇。2008—2009 年，教育部出于促进义务教育规范化发展的目的，印发多份文件，学界也对此予以回应，发文数量随之增加，尤其是 2010 年我国针对未来十年内教育中长期改革印发《国家中长期教育改革和发展规划纲要（2010—2020 年）》，为中小学改革设定目标，学校改进的相关研究相应大幅增加。党的十九大召开后，我国学校改进工作在政策引领下迈出了关键一步，在此背景下，学界研究在 2018 年出现高潮。

（三）薄弱学校改进

薄弱学校改进一直受到世界各国的关注，西方发达国家无论在理论和实践方面都走在前列。在国内，伴随着教育均衡发展的进程、政府对薄弱学校改进的推进，学者对薄弱学校改进的专门研究越来越多。以“薄弱学校改进”为主题词，在中国知网上进行搜索，共计找到文献 149 篇，其中学术论文 74 篇、学术期刊发文 52 篇。同时也发现，早期的薄弱学校改进研究绝大部分是在介绍英美国家薄弱学校改进的做法。解瑞红于 2005 年发表在《当代教育论坛》的文章《校长新资源观及薄弱学校改进》，是目前能查到的研究国内薄弱学校改进最早的文献。从发文总量看，2010 年出现第一个研究高峰，年度研究文献 13

篇；2019年出现第二个研究高峰，年度研究文献21篇，多以应用开发类的实践研究为主，理论研究非常少。①

三、集团化办学与薄弱学校改进研究现状评述

（一）集团化办学

集团化办学是近年来促进我国基础教育优质均衡发展的重要政策手段。2012年，国务院就义务教育阶段如何实现均衡发展印发《关于深入推进义务教育均衡发展的意见》，首次在国家层面提出通过集团化办学推进义务教育的均衡发展。随后，中央办公厅、国务院办公厅、教育部先后印发的《关于进一步做好小学升入初中免试就近入学工作的实施意见》《关于统筹推进县域内城乡义务教育一体化改革发展的若干意见》《关于深化教育体制机制改革的意见》《加快推进教育现代化实施方案（2018—2022年）》等，进一步明确集团化办学的模式和机制，即“完善义务教育均衡优质发展的体制机制”。2020年，教育部等八部门为促进中小学办学活力充分释放印发《关于进一步激发中小学办学活力的若干意见》，向集团化办学模式提出“完善机制”的要求，以“帮扶薄弱学校和农村学校提高办学水平”。

集团化办学兴起于世纪之交。越来越多的国家把它作为教育改革的一种模式在基础教育领域推广。不同的国家推广的初衷不完全一样。英国当初推进联盟学校是为了提升学生学业成绩和改善薄弱学校的现状。② 美国于20世纪90年代推进特许学校主要是基于当时国内基础教育的优势相比于很多快速发展的发展中国家在缩小，其中主要的原因是公立学校的教育体制导致提升学生学业成绩和改善薄弱学校缺乏动力。因此，为了提升基础教育整体质量、促进地方教育系统化发展，

① 本次数据库检索的时间截止到2022年4月20日。

② D. R. Muijs and N. L. Rumyantseva, “Coopetition in Education: Collaborating in a Competitive Environment”, *Journal of Educational Change*, Vol. 15, No. 1, 2014, pp. 1-18.

美国开启了通过把资本引入教育，从而把竞争引入教育的教育改革。此改革的主要方式是开办特许学校。[①]中国推进基础教育集团化办学是想通过优质资源的辐射带动作用，实现优质教育资源高位均衡。各个国家对集团化办学的称谓也不尽相同。中国用"名校集团化办学""义务教育集团化办学""基础教育集团化办学"比较多；以英国、德国为代表的欧洲国家用 federation of schools、school - to - school collaboration、school-to-school networks 比较多，美国和加拿大等北美国家则用 charter schools 和 cluster schools 比较多。各个国家推广的模式也各有不同。英国、美国等国主要是政府主导，采取自上而下的方式；在中国，绝大部分省市和地方教育委员会在推进集团化办学时采取自上而下的方式，[②] 但是也有部分采取的是学校间自愿组合，然后主管部门认可的自下而上的方式。尽管有这些不一样，但是各个国家在实现优质教育资源均衡发展、改善薄弱学校办学现状这一目标上是一致的。下面笔者从办学模式、治理结构、制度机制、政策研究、资源配置、组织文化和办学评估等方面进行研究评述。

1. 办学模式

学者根据集团化办学的资源依赖程度、联结方式、约束方式以及目标共享程度等不同要素间的组合方式和紧密程度，对集团化办学模式进行分类。钟秉林认为，集团化办学一般有三种关系类型：一是集团总校校长负责制，所有成员校都不是独立法人，总校统一分配人、财、物等资源，结构紧凑，关系紧密。二是名校校长领衔制，法律赋予所有成员校以独立法人资格，在人、财、物等资源使用方面享有自主权，结构较为松散。三是同时兼具上述两种教育集团特征的复合

---

① K. Sartory, A. K. Jungermann and H. Jirvinen, "Support for School-to-School Networks: How Networking Teachers Perceive Support Activities of a Local Coordinating Agency", *British Journal of Educational Studies*, Vol. 65, No. 2, 2017, pp. 143-165.

② 陶西平:《关于集团化办学的思考》,载《中小学管理》,2014 年第 5 期,第 59 页。

型。[①] 也有学者提出了“名校带新校”“名校扶弱校”“名校管民校”“名校连子校”“名校联名企”五种办学模式。[②] 杨敏等学者对各个地区相关政策文件进行梳理，把集团化办学划分为四种模式，即以强扶弱模式、以强带新模式、强强联合模式、混合多样模式。[③] 具体说来，以强扶弱模式，薄弱学校将得到牵头学校的有力帮扶，在资源辐射下实现发展；以强带新模式，优质学校接受政府委托，以单一法人形式对新建校进行管理；强强联合模式，优质学校居于龙头地位，与地方教育行政部门合作，可以购买服务，也可以鼓励学校之间自愿组合；混合多样模式，集团内部成员以多种形式参与，至少存在两种性质的学校，以结盟或合并的形式办学。傅荣则从组建方式的程度提出了直接建校、委托管理和合作帮扶三种模式。[④] 也有学者将集团化办学与英国“自我改进的学校系统”对接，提出从专业发展、伙伴关系能力以及合作资本等维度，促进教师专业共同实践性发展、建设分布式系统领导、强化成员校的社会资本及资本扩散。

美国的集团化办学，主要有加盟式和派生式两种。加盟式教育集团主要是指通过对现有的教育机构和教育资源进行有效组合而建成新的教育集团。加盟式教育集团最典型的代表是美国的爱迪生教育集团。派生式教育集团主要是指通过不断增加分支教育机构的数量来实现教育集团的拓展。在美国，增加分支教育机构的方式主要采用的是特许

① 钟秉林：《关于基础教育集团化办学的若干思考》，载《中国教育学刊》，2017 年第 12 期，第 3 页。

② 袁耀宗：《基于 CiteSpace 的中小学集团化办学研究知识图谱分析》，载《信阳师范学院学报（哲学社会科学版）》，2021 年第 41 卷第 1 期，第 65—71 页。

③ 杨敏、汪菲：《集团化办学的历史演进、发展模式与优化路径》，载《当代教育理论与实践》，2021 年第 13 卷第 2 期，第 1—6 页。

④ 傅荣：《新时代集团化办学的广州模式探索》，载《上海教育科研》，2018 年第 2 期，第 25—29 页。

经营的方式。所以美国的绝大部分教育集团称为“特许学校”。[①] 英国的集团化办学，有刚性和柔性两种模式。刚性模式下，学校的建立和管理要遵守正式的合作规定，成员校在新的管理章程上共同创建学校董事会，实行联合管理。柔性模式下，成员校间没有具体的法律法规约束，主要是依靠共同的目标等非正式的合同来合作。

学者对目前集团化办学的各种模式均有介绍和分析，但是对于哪种模式最适合集团内薄弱学校改进的推进，以及对于在集团化办学的不同时期，模式是否会有变化、是否需要变化的研究还比较欠缺。

2. 治理结构

学者主要从内部治理、外部治理及内外协调三个方面进行了研究。从内部治理来看，费蔚认为，集团化办学内部治理存在的问题是治理结构的科层化与集团内部需要横向沟通之间的矛盾。[②] 针对这样的问题，武亚娟认为，应该实行董事会（理事会）领导下的校长负责制，由科层式逐渐转化为扁平式，达到短平快的效果。[③] 杨小微认为，应该在集团层面成立理事会、管理评价中心、课程研发中心和教师发展研究中心来实现内部的管理。[④] 从实践来看，冯明和张萌认为，四川省成都市双语实验学校集团实行的“一会三中心”的治理结构，即集团校务委员会（决策机构）、行政服务中心、课程（学术）研究服务中心（执行机构）、监督评估中心（监督机构）确保了集团的高效运转。[⑤] 贾建国则提出，通过在集团内执行“轮值主持制度”，让各个成

---

① B. D. Baker, K. Libby and K. Wiley, “Spending by the Major Charter Management Organizations: Comparing Charter School and Local Public District Financial Resources in New York, Ohio and Texas”, https://fordhaminstitute. org/ohio/commentary/spending - major - charter - management-organizations-comparing-charter-school-and-local.

② 费蔚:《激发集团化办学活力推进基础教育高质量发展》,载《教育发展研究》,2021 年第 2 期,第 3 页。

③ 武亚娟:《基础教育集团化办学研究》,陕西师范大学硕士论文,2013 年 5 月,第 38 页。

④ 杨小微:《探寻区域义务教育优质均衡发展的新机制——以集团化办学为例》,载《教育发展研究》,2014 年第 24 期,第 1—9 页。

⑤ 冯明、张萌:《为了公平而有质量的教育——2018 年基础教育学区化集团化办学城市论坛会议综述》,载《上海教育科研》,2019 年第 10 期,第 92—95 页。

员校校长轮流主持集团工作，形成一种互相尊重、共享共治的模式。[①] 段恒耀则进一步从组织关系模式的三大要件（关系联动、资源共享和价值创生）着手，探索教育集团的治理机制，提出集团要形成“合作互助、联动协同、创生共进”的学校发展共同体。[②]

从外部治理来看，学者共同认为，要通过多主体参与提升治理的开放性。在哪些主体参与方面，张爽认为，除了大家达成共识的行政部门、学校、家长群体和社区外，多主体还应该包括专业机构的专业人士。他认为，这些专业机构包括大学、各级各类教科研机构、各级教育学院、各级教育研究院以及各级教研部门，集团在发展过程中需要来自这些专业机构的专业人士支援和参与。[③] 李奕认为，外部治理的重点之一是处理好政府的角色和职能。同时，他认为，集团与集团之间的关系，也是集团化办学需要关注的。[④]

从内外协调方面来看，武亚娟认为，应该建立政府主导的、社会各界人士都能够参与的科学治理模式。[⑤] 杨小微认为，应该通过建立“新教育共同体”，吸纳各种智力资源和各类利益相关主体进入集团，实行多中心治理。[⑥] 费蔚认为，目前集团化办学在内外协调方面的主要问题是，不少地方政府在集团化办学的顶层设计、优质资源统筹、指导监督评价等方面显得有些“无为”，而在涉及集团化办学自主权范畴

① 贾建国：《强制性制度变迁视角下的基础教育集团化办学分析》，载《教育科学》，2016年第3期，第69—73页。

② 段恒耀：《论名校集团化办学中的学校组织间关系形态及其治理》，载《教育理论与实践》，2018年第16期，第21—25页。

③ 张爽：《关系主义方法论视角下基础教育集团化办学评估》，载《教育研究》，2021年第42卷第9期，第70—80页。

④ 李奕：《集团化办学：基础教育基本公共服务模式的转型升级》，载《人民教育》，2017年第11期，第19页。

⑤ 武亚娟：《基础教育集团化办学研究》，陕西师范大学硕士论文，2013年5月，第38页。

⑥ 杨小微：《探寻区域义务教育优质均衡发展的新机制——以集团化办学为例》，载《教育发展研究》，2014年第24期，第1—9页。

中的课程、人事安排和教学等方面“干预”较多。[①] 针对这样的问题，张爽认为，要依据治理的思路进行权力的让渡与重新分配。[②] 杨晓莹提出了从消费型共享走向共创共商型共享，从分治走向共治，最终走向善治的现代学校治理体系。[③] 朱利霞以广东省深圳市宝安区的实践探索为例，指出内外协调重点要处理好政府主导与各方积极性调动、教育行政部门管理与教育集团相对独立的关系。[④]

从治理结构来看，不管是英国的国家教学学校联盟还是美国的特许学校，在成立时（或者加入时）均有相关的法律依据，因此学者主要从领导力的角度，开展了集团化办学内部治理结构的研究。洛马克斯（Lomax）等学者就英国小学该如何合作，开展了一项针对 30 名英国小学校长的研究。[⑤] 研究发现，校长需要发展校长领导力，发展新的校际关系，才能适应政府推进的联盟学校的办学方式。科尔曼（Coleman）通过研究认为，从校长领导力的角度来看，集团化办学跟以前独立学校对校长领导力的要求有诸多不一样，校长需要从政治性领导力、建构性领导力和人文性领导力等几个方面同时发力，才能使集团化办学取得好的效果。[⑥]

学者在要处理好政府、学校和社会三者之间的关系和要多主体参与等方面共识度高，但是对于哪种治理结构既能够确保优质资源的辐

---

① 费蔚：《激发集团化办学活力推进基础教育高质量发展》，载《教育发展研究》，2021 年第 2 期，第 3 页。

② 张爽：《基础教育集团化办学的模式研究》，载《教育研究》，2017 年第 38 卷第 6 期，第 87—94 页。

③ 杨晓莹、杨小微：《共享发展：基础教育集团化办学的路径探寻》，载《教育发展研究》，2020 年第 2 期，第 34—41 页。

④ 朱利霞、杨涛：《教育集团化办学的协同推进研究》，载《教学与管理》，2019 年第 33 期，第 31—35 页。

⑤ P. Lomax and J. Darley, "Inter-School Links, Liaison and Networking: Collaboration or Competition?", *Educational Management and Administration*, Vol. 23, No. 3, 1995, pp. 148-161.

⑥ A. Coleman, "Towards a Blended Model of Leadership for School-Based Collaborations", *Educational Management Administration and Leadership*, Vol. 39, No. 3, 2011, pp. 296-316.

射，又能够确保薄弱学校的声音被听到、文化被传承，还没有达成共识。

3. 制度机制

建立合适的制度机制，是集团化办学真正实现规模化效应的关键。李彦青和孟繁华认为，要以制度体系为框架，改善职权的配置，减少管理的层级，协调好集团内部的决策、执行、监督和保障等各个环节。① 贾建国认为，要做好顶层设计，要实行“一校一策”，而且在制度推进的过程中，要加强调研，降低摩擦成本，避免制度的震荡带来的破坏性制度变迁。② 张爽认为，除了要建立制度机制协调好成员校的权利义务外，还要强调“名实合一”，不能只有制度，而管理者的行为跟不上。③ 章继钢在运行机制方面，强调了党组织要起到把方向、管大局、做决策、抓班子、带队伍、保落实的作用。④ 冯明和张萌认为，四川省成都市双语实验学校在实践中总结出的运行机制、互动机制、培养机制、提质机制、激励机制值得借鉴。⑤ 范勇认为，建立风险评估机制非常重要，应建立集团化办学的风险评估指标体系，建立常态化的风险评估和预警机制，避免行政化改革跟风带来的政治、经济和文化等风险。⑥ 贾建国建议建立集团化办学的评估和退出机制。⑦ 范小梅和戴晖则用集体行动理论侧重解释了“由两所或两所以上学校组成的共同体”的路径，认为集团化办学本质上是一种集体行动，因此，容易面临“搭便车”、边界意识、个体理性与集体理性冲突等集体行动的困

① 李彦青、孟繁华：《由稀释到共生：基础教育集团化建设的突破与超越》，载《中国教育学刊》，2016 年第 5 期，第 57—61 页。

② 贾建国：《强制性制度变迁视角下的基础教育集团化办学分析》，载《教育科学》，2016 年第 3 期，第 69—73 页。

③ 张爽：《基础教育公立学校教育集团建设的实践途径研究》，载《教育学报》，2015 年第 6 期，第 42—48 页。

④ 章继钢：《名校集团化助推基础教育优质均衡发展》，载《教学与管理》，2020 年第 19 期，第 12—13 页。

⑤ 冯明、张萌：《为了公平而有质量的教育——2018 年基础教育学区化集团化办学城市论坛会议综述》，载《上海教育科研》，2019 年第 10 期，第 92—95 页。

⑥ 费蔚、田汉族：《基础教育集团化办学热的冷思考——基于成本与风险视角》，载《教育科学研究》，2017 年第 6 期，第 32—36 页。

⑦ 同②。

境。他们认为，在组建教育集团时要在满足学校和教师合理需求的基础上，通过制度规约减少“搭便车”现象；重构组织边界，增强集团内部合法性；关注教育集团的发展机制和评价标准，鼓励“要素-功能取向”发展观，规避“数据-规模取向”评价观。[①] 杨晓莹从集团化办学的参与主体如何实现互动，以及从共治到善治的现代治理机制等方面进行了探索。[②]

对于国外集团化办学制度机制的研究，福特（Ford）等学者介绍了美国特许学校的授权制度，并重点从计划、保障和管理三个维度对美国的特许学校运行机制进行了研究。[③] 穆伊杰斯（Muijs）等学者重点研究了在制度制定中英国政府的角色和功能。[④] 亚佐林（Azorín）通过研究认为，集团化办学应该有国家层面统一的制度才能更好推进。[⑤] 哈德菲尔德（Hadfield）重点研究了如何制定制度来应对学校间合作所带来的挑战。[⑥]

可以看出，学者的研究涉及制度机制的各个方面，其中，对集团内各个学校之间如何建立协调制度的研究比较深入，也有形成机制的案例。但是，对于这些机制如何在实践中进一步推广、辐射更多教育集团的研究不多。

---

① 范小梅、戴晖:《基础教育集团化办学的缘起、动因与实现路径》,载《教学与管理》,2019 年第 34 期,第 12—14 页。

② 杨晓莹、杨小微:《共享发展:基础教育集团化办学的路径探寻》,载《教育发展研究》,2020 年第 2 期,第 34—41 页。

③ M. R. Ford and D. M. Ihrke, “School Board Member Definitions of Accountability: A Comparison of Charter and Traditional Public School Board Members”, *Journal of Educational Administration*, Vol. 55, No. 3, 2017, pp. 280-296.

④ D. R. Muijs and N. L. Rumyantseva, “Coopetition in Education: Collaborating in a Competitive Environment”, *Journal of Educational Change*, Vol. 15, No. 1, 2014, pp. 1-18.

⑤ C. M. Azorín and D. Muijs, “Networks and Collaboration in Spanish Education Policy”, *Educational Research*, Vol. 59, No. 3, 2017, pp. 273-296.

⑥ M. Hadfield and M. Ainscow, “Inside a Self-Improving School System: Collaboration, Competition and Transition”, *Journal of Educational Change*, Vol. 19, No. 4, 2018, pp. 441-462.

4. 政策研究

目前，国内对集团化办学从政策的角度开展专门研究的还不多。李威璎等学者运用政策工具对集团化办学的组建模式和运行机制进行了分析，并从政策的视角提出要加强需求型政策工具的使用、优化政策工具的组合设计，以及特别要注重政策工具和办学机制的适配性、有效发挥政策的整体效应等制定集团化办学相关政策的建议。① 贺武华则从集团化办学相关政策出台过程的视角，对浙江省杭州市集团化办学进行了分析。回应了当时大众关心的集团化办学可能存在的“牛奶稀释”“借壳贴金”“千校一面”的质疑。② 国外研究中，学者重点关注政策实施的效果。弗格林（Furgeson）等学者通过研究认为，美国特许学校政策在实施中倾向于服务低收入家庭的学生。③ 曼恩（Mann）通过研究美国特许学校在面对来自市场和社会压力时的应对策略，提出“决策者在考虑与教育创新相关的计划时，需要对环境有细致的理解”的政策建议。④ 沃尔斯泰特（Wohlstetter）等学者研究了促进美国特许学校自治的立法条件和应用自治的概念框架来评估州立特许学校政策之间的差异。⑤ 总的来看，学者对政策实施的效果、如何进一步改进政策和宏观政策的研究比较多。对区域性政策的分析研究，特别是区域性政策如何推动集团内薄弱学校改进的研究不多。

5. 资源配置

教师资源作为集团化办学的核心资源，受到了国内外学者的高度

---

① 李威璎、徐玲、王寰安：《基础教育集团化办学机制的政策工具研究——基于16个城市政策文本的内容分析》，载《基础教育》，2021年第18卷第2期，第103—112页。

② 贺武华：《杭州名校集团化政策过程分析——基于政策精英理性主导的视角》，载《教育发展研究》，2009年第5期，第18—23页。

③ J. Furgeson, B. Gill and J. Haimson, “Charter-School Management Organizations: Diverse Strategies and Diverse Student Impacts”, https://www.mathematica.org/publications/charterschool-management-organizations-diverse-strategies-and-diverse-student-impacts.

④ B. Mann, “Compete, Conform, or Both? School District Responses to Statewide Cyber Charter Schools”, *Journal of School Choice*, Vol. 14, No. 1, 2020, pp. 49-74.

⑤ P. Wohlstetter, R. Wenning and K. L. Briggs, “Charter Schools in the United States: The Question of Autonomy”, *Educational Policy*, Vol. 9, No. 4, 1995, pp. 331-358.

关注。李多慧等学者认为，政府在师资均衡方面，应该有意识地向学校、社会放权。[①] 李彦青等学者认为，在教师资源配置上，教育集团要注意“外引”和“内培”。对外来说，要利用集团的品牌效应，广纳贤士，扩充集团的名师团队。对内来说，要注意“造血”，使集团内部逐渐拥有完善的柔性交流机制，教师可以自由而有效地“流动”，集团要为此提供良好条件。[②] 贾建国认为，教育集团教师交流机制有效性不足，具体体现在集团内教师交流的期限短、交流比例偏低上，而且缺乏针对性，薄弱学校难以得到真正需要的教师。因此，他建议，应该在教师选聘与调动、评优评先等方面给予倾斜，对那些甘于奉献、支援薄弱学校的教师给予一定补偿。[③] 俞明雅认为，应该打破集团内校际的边界，把学校人转变为集团人，实现校级骨干教师的资源共享。[④] 李奕认为，通过集团内部干部、教师交流轮岗，也能实现优质教师资源的共享。[⑤] 章继钢认为，集团应该制定统一的教师培养计划，为不同类型的教师创设不同层次的平台，从教学、科研和管理三个方向培养教师。[⑥] 冯明和张萌在文章中介绍了上海市第一师范附属小学崇明区江帆小学校长介绍的集团浸润式教师培训模式。[⑦]

此外，部分学者也就集团的各方面资源该如何配置进行了研究。曹美琦提出，要明确政府在资源配置中的基础性作用，根据法律和制

---

① 李多慧、姚继军：《基础教育集团化办学促进了师资均衡吗——基于南京市小学校级数据的政策效果分析》，载《基础教育》，2019 年第 16 卷 3 期，第 58—69 页。

② 李彦青、孟繁华：《由稀释到共生：基础教育集团化建设的突破与超越》，载《中国教育学刊》，2016 年第 5 期，第 57—61 页。

③ 贾建国：《强制性制度变迁视角下的基础教育集团化办学分析》，载《教育科学》，2016 年第 3 期，第 69—73 页。

④ 俞明雅：《基础教育集团化办学的实践困境与破解策略——基于江苏省的调研分析》，载《中国教育学刊》，2020 年第 11 期，第 13—19 页。

⑤ 李奕：《集团化办学：基础教育基本公共服务模式的转型升级》，载《人民教育》，2017 年第 11 期，第 18 页。

⑥ 章继钢：《名校集团化助推基础教育优质均衡发展》，载《教学与管理》，2020 年第 19 期，第 12—13 页。

⑦ 冯明、张萌：《为了公平而有质量的教育——2018 年基础教育学区化集团化办学城市论坛会议综述》，载《上海教育科研》，2019 年第 10 期，第 92—95 页。

度进行有效合理的资源配置。[①] 对于学生资源配置，俞明雅认为，应该加强学位需求的监测预警，提前布点，新增集团校。[②] 江虹从社区参与、设置与社区文化有关的校本课程等方面谈了资源配置。[③]

国外关于集团化办学资源配置的研究，聚焦于资金和人力资源两个要素。德阿蒙（Dearmond）等学者专门研究了美国特许学校对教师的管理策略：招聘新人和招聘合适的在职人员；提供强化的连续不断的在职培训。[④] 凯尔森（Kelsen）认为，通过英国联盟学校体系网内部教师间的互相指导，能够有力改善教师行为，实现集团教师优质资源的扩充。[⑤] 加纳塔（Cannata）研究了美国特许学校对教师资源的管理策略。[⑥] 贝克（Baker）等学者对美国特许学校和公立学校的资金来源差异开展了对比研究，也分析和指出了集团化办学中面临的资金筹集问题。[⑦] 史密斯（Smith）等学者还分析研究了美国特许学校办学过程中如何积极调动和利用家长资源。[⑧]

从资源配置来看，国内外学者高度关注，都非常认同教师资源配

---

① 曹美琦：《基础教育集团化办学的实践反思》，载《教学与管理》，2018 年第 10 期，第 9—12 页。

② 俞明雅：《基础教育集团化办学的实践困境与破解策略——基于江苏省的调研分析》，载《中国教育学刊》，2020 年第 11 期，第 13—19 页。

③ 江虹：《以社区参与促进基础教育集团化办学供给侧改革》，载《当代教育科学》，2016 年第 23 期，第 30—33 页。

④ M. DeArmond, B. Gross and M. Bowen, "Managing Talent for School Coherence: Learning from Charter Management Organizations", https://eric.ed.gov/?id=ED532634.

⑤ V. E. Kelsen, "School Principals, Leadership Coaches, and Student Achievement: Enhancing Self-Efficacy Through the Coaching Relationship", https://eric.ed.gov/?id=ED528032.

⑥ M. Cannata and M. Engel, "Does Charter Status Determine Preferences? Comparing the Hiring Preferences of Charter and Traditional Public School Principals", *Education Finance and Policy*, Vol. 7, No. 4, 2012, pp. 455-488.

⑦ B. D. Baker, K. Libby and K. Wiley, "Spending by the Major Charter Management Organizations: Comparing Charter School and Local Public District Financial Resources in New York, Ohio and Texas", https://fordhaminstitute.org/ohio/commentary/spending-major-charter-management-organizations-comparing-charter-school-and-local.

⑧ J. Smith, P. Wohlstetter and C. A. Kuzin, et al. "Parent Involvement in Urban Charter Schools: New Strategies for Increasing Participation", *School Community Journal*, Vol. 21, No. 1, 2011, pp. 71-94.

置是决定集团化办学成败的关键因素。对教师在教育集团内部人际关系的研究少；对教师正式角色的研究多、非正式角色的研究少。

6. 组织文化

从组织文化视角来看，有的学者关注集团文化品牌的形成，有的关注集团内部具体制度文化、课程文化的打造，还有的聚焦于通过诸如学习型组织的构建来形成共同的文化。不管哪个视角，都认同组织文化在集团化办学中扮演着非常重要的角色，都认为在集团化办学中要重视集团文化的建设，甚至有学者认为，只有文化才会让集团化办学实现可持续发展。范勇认为，集团化办学要努力营造合作的文化环境，追求“和而不同”的文化状态。[①] 对于如何形成集团文化，李彦青和孟繁华认为，集团中所有成员都要有共同愿景、相同的价值观，彼此信任、互相认同。[②] 章继钢认为，通过提炼各个学校的核心理念、设计共同的体现集团化办学理念的标识系统、形成集团共同的办学愿景、明确集团的办学目标和制定集团的办学章程等五个方面来构建集团的共同文化。[③] 俞明雅认为，推进集团的品牌建设是集团文化建设的重要方面。[④] 漆美玲以湖北省宜昌市天问教育集团为例，分析了集团品牌文化构建的成效和面临的问题。[⑤]

国外学者对集团化办学组织文化的研究关注也比较多。凯迪（Keddie）通过对六名学校管理者的采访，研究了集团化办学带来的学

① 范勇、田汉族：《基础教育集团化办学热的冷思考——基于成本与风险视角》，载《教育科学研究》，2017 年第 6 期，第 32—36 页。

② 李彦青、孟繁华：《由稀释到共生：基础教育集团化建设的突破与超越》，载《中国教育学刊》，2016 年第 5 期，第 57—61 页。

③ 章继钢：《名校集团化助推基础教育优质均衡发展》，载《教学与管理》，2020 年第 19 期，第 12—13 页。

④ 俞明雅：《基础教育集团化办学的实践困境与破解策略——基于江苏省的调研分析》，载《中国教育学刊》，2020 年第 11 期，第 13—19 页。

⑤ 漆美玲：《国内民办教育集团的品牌文化构建策略研究》，武汉理工大学硕士论文，2020 年 3 月，第 28—37 页。

校传统文化消失的问题。[①] 亚佐林（Azorín）认为，松散的集团合作文化是西班牙集团化办学推进中的主要障碍。[②] 皮诺扬科维奇（Pino-Yancovic）等学者认为，以教育市场政策为导向的竞争文化，对学校领导者着力推动的合作文化来说非常不利，同时认为，在校长的领导下，通过集团化办学，塑造从竞争走向合作的文化是完全可能的。[③] 阿姆斯壮（Armstrong）等学者认为，要建立以信任和共同价值观为基础的合作文化，才能有利于联盟学校合作行为的推进。[④]

综上所述，学者对组织文化在集团化办学中的重要性以及薄弱学校文化消失问题的研究多，对从组织内部人员的非正式角色、人性的假设和人际关系等方面研究文化的还非常少。

7. 办学评估

关于集团化办学评估，章继钢认为，要把集团看作一个整体，由第三方对集团化办学成效作出评价且进行整体考核。冯明和张萌在文章中介绍了上海市杨浦区的做法，认为要引入第三方机构，针对集团开展个性化评估；通过立体、多维的评价，既看集团的整体发展，也看集团内每一所学校的进步，既呈现集团的均衡指数，也解析集团的优质指数。[⑤] 丁亚东以学生学习成绩为评价要素，对集团化办学进行了

① A. Keddie, "Academisation, School Collaboration and the Primary School Sector in England: A Story of Six School Leaders", *School Leadership & Management*, Vol. 36, No. 2, 2016, pp. 169-183.

② C. M. Azorín and D. Muijs, "Networks and Collaboration in Spanish Education Policy", *Educational Research*, Vol. 59, No. 3, 2017, pp. 273-296.

③ M. Pino-Yancovic and L. Ahumada, "Collaborative Inquiry Networks: The Challenge to Promote Network Leadership Capacities in Chile", *School Leadership & Management*, Vol. 40, No. 2-3, 2020, pp. 221-241.

④ P. W. Armstrong, C. Brown and C. J. Chapman, "School-to-School Collaboration in England: A Configurative Review of the Empirical Evidence", *Review of Education*, Vol. 9, No. 1, 2021, pp. 319-351.

⑤ 冯明、张萌：《为了公平而有质量的教育——2018 年基础教育学区化集团化办学城市论坛会议综述》，载《上海教育科研》，2019 年第 10 期，第 92—95 页。

评价研究。[①]

从国外研究来看，富勒（Fuller）等学者认为，学生学业成绩是评价美国特许学校是否成功的主要要素。[②] 为了评价特许学校对学生学业成绩的影响，沃尔斯泰特（Wohlstetter）等学者对美国特许学校是否促进了学生的发展开展了专题研究。莱克（Lake）等学者开展了一项为期四年的全美范围内特许学校的有效性研究，评估特许学校对学生学业成绩的影响。通过研究，他们认为，美国特许学校对低收入家庭学生学业成绩的提升作用非常明显。[③] 穆伊杰斯（Muijs）开展了英国联盟学校对学生成就影响的大型实证研究。结果发现，英国联盟学校对薄弱学校学生成绩的提升作用非常明显。[④]

可以看出，学者在将引入第三方、捆绑式评价和学生学业提升作为重要评价指标等方面共识度高，对教育集团的多维评价有研究，但是转化成实践、在实际工作中运用的还非常少；对于第三方的人员组成还没有达成一致意见。

（二）薄弱学校

关于薄弱学校的研究，中外学者主要从薄弱学校形成的原因、改进的具体策略及其理论基础等方面进行了研究。前期研究以应用研究为主，近几年的研究中，关注薄弱学校改进理论基础的越来越多。下面从组织结构、人力资源、权力配置和组织文化四个方面进行述评。

---

① 丁亚东:《集团化办学能提升学生学习成绩吗？——基于 CEPS 数据的经验研究》,载《上海教育科研》,2019 年第 6 期,第 39—44 页。

② B. Fuller, "Review of Charter - School Management Organizations: Diverse Strategies and Diverse Student Impacts", https://nepc.colorado.edu/sites/default/files/TTR - CMOeffect - Math - Fuller.pdf.

③ R. Lake, M. Bowen and A. Demeritt, et al. *Learning from Charter School Management Organizations: Strategies for Student Behavior and Teacher Coaching*, New Jersey: Center on Reinventing Public Education and Mathematica Policy Research, 2012.

④ D. Muijs, "Improving Schools Through Collaboration: A Mixed Methods Study of School-to-School Partnerships in the Primary Sector", *Oxford Review of Education*, Vol. 41, No. 5, 2015, pp. 563-586.

1. 组织结构

从薄弱学校的成因来看，王丽华和周常稳等认为，僵化的校内校外组织结构，以及由此形成的僵化的组织制度是产生薄弱学校和影响薄弱学校改进的重要因素。[①] 他们的这一观点，也得到了众多学者的认可。正是基于此，郑立群等学者认为，薄弱学校的改进，首先要优化薄弱学校的组织结构，处理好业务系统和管理系统的专业分工体系。[②] 刘艳萍认为，应该打破学校科层制架构下被动、集权、内耗、低效的组织结构，重构组织与制度体系，参考明茨伯格的五重组织结构理论，建立有效运行机制，才能撬动薄弱学校的改进。[③] 周兴国认为，要消除产生薄弱学校僵化的校内校外制度，才能推动薄弱学校改进。[④]

国外研究来看，麦科恩（McKown）等学者通过研究认为，组织结构是薄弱学校改进的关键制约因素，如果薄弱学校组织结构的功能失调，薄弱学校就不会实现可持续的改进。[⑤] 坎贝尔（Campbell）等学者从改进策略的角度对长期持续表现差的薄弱学校改进提出了五种策略。他们认为，这些策略的实施都需要对学校的组织结构进行重大改变，特别是需要变革管理结构和人员配备结构，如此才能适应集团化办学的要求。[⑥] 阿姆斯壮（Armstrong）等学者主要研究了如何调整治理结

---

① 王丽华：《薄弱学校改进的个案研究》，载《教育发展研究》，2007 年第 20 期，第 33—37 页。

② 郑立群、胡颖哲、曾庆伟等：《基本系统论的薄弱学校改进策略》，载《当代教育科学》，2019 年第 7 期，第 72—77 页。

③ 刘艳萍：《战略管理视角下的薄弱学校改进路径研究》，载《中小学管理》，2020 年第 5 期，第 24—27 页。

④ 周兴国：《薄弱学校改进的困境与出路：制度分析理论的视角》，载《教育发展研究》，2010 年第 4 期，第 6—9 页。

⑤ J. McKown，L. Schick and K. H. Miles，*Supporting School Turnaround：Breaking the Vicious Cycle of Underperformance*，Massachusetts：Education Resource Strategies，2020.

⑥ C. Campbell，G. Heyward and A. Jochim，*Addressing Persistently Underperforming Schools：Evidence and Common Challenges*，Washington：Center on Reinventing Public Education，2018.

构，增进优质学校与薄弱学校之间的联系与互动，促进后者改进。[①]

从组织结构的视角来看，中外学者在改变组织结构是薄弱学校改进基础这一点上共识度高。

2. 人力资源

校长领导力弱、教师责任心缺失、专业水平不高、生源差等，既是薄弱学校产生的原因，也是薄弱学校在人力资源方面的主要特征。因此，多数关于薄弱学校改进的策略都会涉及人力资源。从改进措施来看，李慧和杨颖秀认为，教育行政部门在学校改进中必须负起应有的政策责任，要对薄弱学校在人力资源方面采取诸如将优秀校长定期调往薄弱学校之类的政策倾斜。[②] 郑玉莲则从薄弱学校校长轮岗政策的视角进行了研究。她认为，要实现校长专业发展，既要统一分配区域内优质教育资源，也要促进薄弱学校的改进。要让校长在区域内的同类学校之间流动，但这种流动应该是有效而有序的；打造常态数据库，增强校长分配合理性，为其发展提供支持；培养校长继任领导力，为学校改革的深入推进及学校健康发展起到助推作用；突显校长轮岗的合理性与科学性，达到改进薄弱学校的目的。[③] 郑立群等学者从提升教师专业水平方面提出，要重视薄弱学校教师的在职培训，要加强教师的教育理论学习，更新教学观念。[④] 毋改霞等进一步研究了阻碍薄弱学校教师专业发展的因素，她提出，学校和教育管理部门要解决好专业发展活动与工作时间冲突的矛盾，确保教师有时间、有机会、有兴趣参与专业发展活动，提供更灵活、更聚焦、更精准的专业发展活动，

---

① P. W. Armstrong, C. Brown and C. J. Chapman, "School - to - School Collaboration in England: A Configurative Review of the Empirical Evidence", *Review of Education*, Vol. 9, No. 1, 2021, pp. 319-351.

② 李慧、杨颖秀:《薄弱学校改进中行政部门的政策责任与策略》,载《教学与管理》,2010 年第 22 期,第 12—13 页。

③ 郑玉莲:《我国中小学校长轮岗现状及其改进路径:县域系统领导力的视角》,载《全球教育展望》,2020 年第 7 期,第 46—61 页。

④ 郑立群、胡颖哲、曾庆伟等:《基本系统论的薄弱学校改进策略》,载《当代教育科学》,2019 年第 7 期,第 72—77 页。

强化教师的终身学习与自主发展意识。① 杨建朝认为，吸引优秀人才进入薄弱学校从教是薄弱学校师资水平整体提升的关键。②

国外关于薄弱学校人力资源的研究，聚焦校长领导力、教师专业水平提升、弱势学生及其学业提升。利维（Levy）通过对美国亚利桑那州凤凰城的八所初级教育阶段薄弱学校校长的访谈提出，校长领导力对于薄弱学校学生学业成绩改进与学校的未来发展趋势有重要作用。③ 富尔顿（Fulton）进一步采用哈林格校长教学管理评价量表（PIMRS），通过对美国纽约州薄弱学区1000多名基础教育阶段教师的调研提出，校长的领导能力、个人形象和知名度是影响薄弱学校改进的重要因素。④ 海斯特克（Heystek）等学者从教师资源改进方面研究了如何在外部环境不佳的情况下，通过调动教师的内在动机，让教师在具有挑战性的环境下改进表现，从而改进薄弱学校师资。⑤ 马鲁里斯（Maroulis）等学者从择校的角度开展研究发现，吸引学生和家长选择一所学校的要素中，教师资源很重要。⑥ 卡纽卡（Kaniuka）通过案例研究认为，教师通过教学、教研和与学生沟通等途径对薄弱学校改进产生影响。⑦ 麦科恩（McKown）认为，要持续改进一所薄弱学校，必

---

① 毋改霞、祁占勇、罗淦匀：《薄弱学校教师专业发展的现状与改进——基于X市59所初中的调查》，载《教育理论与实践》，2021年第32期，第40—44页。

② 杨建朝：《薄弱学校何以可能变革成功：从帮扶补偿到可行能力》，载《教育科学研究》，2019年第4期，第21—27页。

③ L. A. Levy, *Exemplary Leadership: A Study of Leadership Practices that Enable Sustained Academic Achievement in High - Need Schools*, Arizona: Arizona State University, 2010.

④ T. T. Fulton, *High School Principal Instructional Leadership Behavior in High and Low Need and High and Low Achievement Schools*, New York: Dowling College, 2009.

⑤ J. Heystek and R. Emekako, "Leadership and Motivation for Improved Academic Performance in Schools in Low Socio-Economic Contexts", *International Journal of Educational Management*, Vol. 34, No. 9, 2020, pp. 1403-1415.

⑥ S. Maroulis, R. Santillano and H. Jabbar, et al. "The Push and Pull of School Performance: Evidence from Student Mobility in New Orleans", *American Journal of Education*, Vol. 125, No. 3, 2019, pp. 345-380.

⑦ T. S. Kaniuka, "Toward an Understanding of How Teachers Change During School Reform: Considerations for Educational Leadership and School Improvement", *Journal of Educational Change*, Vol. 13, 2012, pp. 327-346.

须考虑这所学校学生的实际需求。①

中外学者都认为，人力资源是薄弱学校改进的关键因素，相关专项研究丰富。但是如何从学校内人际关系和成员的非正式角色等方面发挥人力资源对薄弱学校改进作用的研究较少。

3. 权力配置

权力配置是指在资源有限的情况下，如何合理配置权力，确保有限的资源发挥最大的作用。对于薄弱学校的改进来说，最大、最有利的权力配置来自政策，其次是实施权力配置的政府相关部门。学者聚焦如何从权力配置的视角推进薄弱学校改进。李慧和杨颖秀认为，教育行政部门在学校改进中必须负起应有的政策责任，在为薄弱学校投入资金时要持续加大力度，为其硬件设施的完善提供支持，使之拥有良好的办学条件。② 郑洋指出，政府除了要为薄弱学校出台新的发展政策，也要把更多教育资源提供给此类学校，对其教育教学评价体制进行优化。③ 王鑫和赵一鸣进一步指出，政府应该通过建立多极化的评价体系来加强对薄弱学校的政策倾斜。④ 胡伶明确了政府应该下大力气保障生源的均衡分布，带头维护教育秩序。⑤ 史成明认为，从政府与学校的权力关系来说，应该借鉴西方“集权式放权”，加大干预和问责力度，加大政府对学校的管理，在集权与放权之间实现平衡。⑥ 陈丽认为，薄弱学校在校内权力分配的过程中要考虑权力冲突的可能性，合

① J. McKown, L. Schick and K. H. Miles, *Supporting School Turnaround: Breaking the Vicious Cycle of Underperformance*, Massachusetts: Education Resource Strategies, 2020.

② 李慧、杨颖秀:《薄弱学校改进中行政部门的政策责任与策略》,载《教学与管理》,2010 年第 22 期,第 12—13 页。

③ 郑洋:《薄弱学校改进策略的案例研究》,东北师范大学硕士论文,2010 年 5 月,第 25—26 页。

④ 王鑫、赵一鸣:《从政府层面分析基础薄弱学校的成因和改造对策》,载《齐齐哈尔师范高等专科学校学报》,2012 年第 2 期,第 35—36 页。

⑤ 胡伶:《校际均衡发展的政策工具分析》,载《当代教育科学》,2009 年第 23 期,第 14—19 页。

⑥ 史成明:《西方学校改进运动对中国基础教育的启示》,载《外国中小学教育》,2011 年第 7 期,第 23—26 页。

理配置权力。[①]

张宁在研究中介绍了美国教育部开展的“力争上游计划”。该计划核心是通过专项拨款来改造薄弱学校。他们的研究表明政府资金支持是薄弱学校改进的基础。[②] 波力（Boser）等学者认为，通过数据对比表明，资金支持确实对薄弱学校改进有突出的实效。[③] 而麦科恩（McKown）等学者通过研究则认为，在薄弱学校改进方面，仅有资金支持是不够的。他们认为，政府在政策制定和资源分配时，必须考虑如何通过政策制定打破薄弱学校表现不佳的恶性循环。[④] 富尔顿（Fulton）从政策实施效果的角度开展了研究，探讨了美国联邦学校改善拨款政策的实施是否能有效改善薄弱学校的学生表现。通过研究发现，从权力配置来看，政府权力的加大对薄弱学校的改进意义不大。[⑤]

在权力配置方面，制定有利于薄弱学校改进的政策、营造有利于薄弱学校改进的社会环境是学者的共识。早期的研究重点关注资金支持等着眼于硬件建设的相关政策及实效，而近期的研究则比较关注如何营造有利于薄弱学校改进的社会环境等相关政策的制定和实施。

4. 组织文化

在薄弱学校改进的研究中，涉及组织文化的研究还是比较丰富的，周常稳和周霖专门基于文化视角对薄弱学校改进进行研究。[⑥] 从薄弱学校形成的原因来看，鲍传友认为，缺失自觉、自信和自强的学校文化

---

① 陈丽：《学校改进的特征与价值取向分析》，载《教育科学研究》，2010 年第 11 期，第 5—8 页。

② 张宁：《美国“力争上游”计划下薄弱学校改进项目研究》，河北大学硕士论文，2021 年 5 月，第 28—31 页。

③ U. Boser, *Race to the Top: What Have We Learned from the States So Far? A State - by - State Evaluation of Race to the Top Performance*, Washington: Center for American Progress, 2012.

④ J. McKown, L. Schick and K. H. Miles, *Supporting School Turnaround: Breaking the Vicious Cycle of Underperformance*, Massachusetts: Education Resource Strategies, 2020.

⑤ A. R. Fulton, *Examining the Effectiveness of Turnaround Models in Florida Public Schools*, Florida: Florida Atlantic University, 2018.

⑥ 周常稳、周霖：《文化社会学视阈下薄弱学校的形成机制及改进路径》，载《理论月刊》，2019 年第 8 期，第 154—160 页。

是薄弱学校“薄弱”的关键。[①] 莫丽娟认为，长期以来分数至上的权威，是形成薄弱学校以“堕落”和“逃离”为特征的贫困文化的主要原因。[②] 郑立群等认为，组织文化“弱”是薄弱学校的重要特征。[③]

从改进策略来看，以晋银峰为代表的众多学者都认为，薄弱学校的改进，不仅要抓硬件，更要着重学校软实力提升，特别是学校文化建设。[④] 周兴国认为，要注重师生员工、学校与家庭的合作与互信，重建学校信任体系。[⑤] 郑立群等认为，要发展学校组织文化，建设富有特色的校园文化，提升学校办学品位。[⑥] 陆旭东从实践的视角归纳梳理出了一条以信念管理实现薄弱学校改进的文化路径。[⑦] 周常稳和周霖从布迪厄文化社会学的理论视角，提出通过文化植入、文化整合，最终形成薄弱学校文化自觉的文化改进路径。[⑧] 陈丽从价值追求的视角，提出薄弱学校文化变革的策略。[⑨]

多德（Daud）等学者运用组织文化评估工具研究了优质学校和薄弱学校文化的异同。通过研究发现，严谨的科层文化和自由的市场文

---

① 鲍传友：《农村薄弱学校的信心缺失与信任重建》，载《中国教育学刊》，2017 年第 3 期，第 50—53 页。

② 莫丽娟：《“堕落”与“逃离”：应试压力下农村薄弱学校教师的顺从与反抗》，载《当代教育科学》，2017 年第 1 期，第 62—67 页。

③ 郑立群、胡颖哲、曾庆伟等：《基本系统论的薄弱学校改进策略》，载《当代教育科学》，2019 年第 7 期，第 72—77 页。

④ 晋银峰：《我国薄弱学校改革发展三十年》，载《课程·教材·教法》，2015 年第 10 期，第 3—9 页。

⑤ 周兴国：《薄弱学校改进的困境与出路：制度分析理论的视角》，载《教育发展研究》，2010 年第 4 期，第 6—9 页。

⑥ 郑立群、胡颖哲、曾庆伟等：《基本系统论的薄弱学校改进策略》，载《当代教育科学》，2019 第 7 期，第 72—77 页。

⑦ 陆旭东：《信念的力量——A 校信念管理实践探索的回顾性研究》，华东师范大学硕士论文，2006 年 9 月，第 43—46 页。

⑧ 周常稳、周霖：《文化社会学视阈下薄弱学校的形成机制及改进路径》，载《理论月刊》，2019 年第 8 期，第 154—160 页。

⑨ 陈丽：《学校改进的特征与价值取向分析》，载《教育科学研究》，2010 年第 11 期，第 5—8 页。

化在两类校中都广泛存在，但是薄弱学校的家族族群文化占比更大。[①] 金泽（Kimzey）认为，建立起积极、互助和合作的学校文化是薄弱学校改进的关键。[②] 布林森（Brinson）等学者进一步研究了薄弱学校在建立合作文化过程中面临的挑战，分享了五所学校克服挑战、成功改进的策略。[③] 麦科恩（McKown）等学者则从政府的视角，就如何帮助薄弱学校改进文化提出了建议。[④]

众多学者在分析薄弱学校形成原因和改进措施时都有涉及文化视角，但只是客观地描述薄弱学校的文化建设，虽也为其改良提出合理策略与路径，部分学者还对当前采取的措施进行反思，但是提出的改进路径或措施宏观的多，具体、普适、可操作的少。

（三）学校改进

1. 学校改进的路径

学校改进是一个系统、复杂的问题。学校改进策略的选择和改进工作的开展需要对众多问题进行考量，例如学校条件、资源情况、改进阻力等。如何选择学校改进的策略及路径，通常是学校改进过程中实践者最关心的问题，也是决定改进效果的重要问题。

改善办学条件、提升办学质量、促进学生发展都是学校改进研究的重要部分。有学者认为，义务教育在各地的发展水平存在差异，教育资源分配不均衡是造成这种差异的主要原因之一。为了改善这种不均衡，需要学校进行改进，包括解决学校的财务问题、提高学校教师

---

① Y. Daud, A. Raman and Y. Don, et al. "The Type of Culture at a High Performance Schools and Low Performance School in the State of Kedah", *International Education Studies*, Vol. 8, No. 2, 2015, pp. 21-31.

② B. R. Kimzey, "Engaging Teachers to Improve Administrative Support in an Urban Middle School: An Action Research Study", https://scholarworks. wm. edu/cgi/viewcontent. cgi? article=6799&context=etd.

③ D. Brinson and L. M. Rhim, *Breaking the Habit of Low Performance: Successful School Restructuring Stories*, Philadelphia: Center on Innovation and Improvement, 2009.

④ J. McKown, L. Schick and K. H. Miles, *Supporting School Turnaround: Breaking the Vicious Cycle of Underperformance*, Massachusetts: Education Resource Strategies, 2020.

和管理人员等人力资源的配置水平、提升学校硬件设施水平、提高教育质量等。也有学者认为，要实现教育资源均衡配置、改善学校的办学条件，政府部门在这一过程中要发挥应有作用，要制定合适的工作原则，从总体上合理分配教育资源，不仅要正常分配，也要制定倾斜政策，使发展能力较弱的学校得到重点支持。面对薄弱学校，要适当增加资金投入量，为其办学条件的持续改进提供帮助，促进教育均衡发展。也有学者指出，政府力量固然重要，但薄弱学校办学条件的改善也离不开社区的支持，要利用好社区资源，同时与家庭进行沟通，在三者之间开创一体化教育发展格局。

学校质量提升的内涵是多方面的，涉及校长领导力、学校文化建设、教师专业发展、学生参与度等方面。教学质量可以采取戴明循环模式、组织变革模式和学习型组织模式等三种模式实现改进。① 学校发展中要构建完善的质量评价体系以促进办学水平的提升，学习型组织模式就是其中之一，要让学校具有持续改进的效力，将其转化为发展能力，成为良好习惯；可以采用戴明循环模式促进改进的稳步推进；对校园文化建设要重视，赋予教师更多能量，大学要与中小学紧密合作，从理论与实践两方面入手为学校发展制定合理策略，推动学校质量提升。②

在教育学生的过程中，必须注重了解每个学生的个体差异和特点，以便找到最合适的教育方法。同时，师生之间建立良好的情感和伦理关系是至关重要的，这样可以促进学生的全面发展。在实现教育改革的过程中，必须倾听学生的声音，以确保改革的成功。有学者就此提出了多种方式，例如：要建立完善的人际关系网络，让师生在创新中具备更强的内在动力，促进育人空间的改进，使学生焕发出生命活力，

① 程凤春、俞继凤：《学校教学质量持续改进的三种模式》，载《教师教育研究》，2004年第1期，第52—56页。

② 马云鹏、谢翌：《优质学校建构的取向、模式与策略》，载《东北师大学报》，2004年第3期，第121—129页。

感到学习与进步的快乐。要构建良好的评价体系，营造浓郁的人文气息，鼓励学生在评价中实现发展。这种评价体系可能会更注重学生的个性和兴趣，鼓励他们探索自己的特长和潜力，并为他们提供更多的发展机会，从而使他们在学习和生活中得到更好的发展。

学校改进策略研究的一个重要方向是激发学校活力，其中包括激发教师活力、提升校长领导力和提升学校文化引领等。学者的研究发现，激发学校活力最重要的一点就是要让校长有足够强大的领导力，如此才能对课程建设与教学改革起到引领作用，才能让教师在工作中充满激情。有学者指出，学校应持续对管理模式进行创新，如此才能实现由制度到文化的重建。也有学者指出，学校组织架构应该体现出"去中心化"的特征，发扬项目负责制的优势，使师资配置更加合理。为了促进教师活力与内生动力的增强，可采用模糊评价法。另外，也有学者主张，学校若在发展中缺失文化培育，则难以焕发出活力。文化能对学校发展起到不可低估的导向作用。学校文化如果能催人奋进，教育愿景与正能量都将显著增强，学校组织成员将能焕发出强大的活力，也能约束学生行为。学者也重点分析了学校文化在增强学校凝聚力与提高效率方面产生的重要影响。

2. 影响学校改进的因素

普遍来看，影响基础教育学校改进的因素可以分为环境因素、学校因素和课堂（教师）因素三类。环境因素包括外部人员或机构、外部压力、督导与评估等；学校因素包括成员稳定性、管理模式、校长领导力、学校组织结构、家长及社区对学校改进工作的参与、学生对学校改进工作的参与等；课堂（教师）因素包括教师动机、教师自主权、教师对学校改进工作的参与、教师合作、给予教师的反馈、教师专业发展、课程改革等。[①] 在这些因素中，学生学习成果是评价学校改进成效最核心的视角，因此，关于影响学校改进因素的研究重点就聚

① 王建学:《中小学校自主改进策略研究》,陕西师范大学博士论文,2021 年 5 月,第 97—143 页。

焦到影响学生学业成就的关键因素方面。西方学者的研究指出，在学校层面上，对学生学习成果影响最大的因素包括校长领导力、结果导向的学校愿景与目标、学校员工同心同向紧密合作、学校氛围，以及家校共育机制；在课程及教学层面上，对学生学习成果影响最大的因素包括教师对学生的期望值、课堂氛围、学习环境、教学目标是否明确、教学结构是否合理、课程质量、差异化教学策略、分组策略、学生学习过程评价等。

校长在引领学校发展和提高教育质量方面扮演着至关重要的角色。作为学校改进的领导者和责任人，校长是一个兼容行政、学术和社会信息的决策中心，其管理和领导能力不仅代表着个人专业素养，更关乎整个学校教育质量的提高。因此，提升校长的领导力已成为当前学校改进的需求。建立正确的理念、创建愿景、凝聚信任、分享权力是学校改进成功的重要领导力因素。特别是在理念方面，当校长将正确的理念与实际行动结合在一起时，就能在教育实践中体现出领导力的提升，从而为学生创造更多的成长机会，并体现校长领导力的生命意义。校长领导力应重点在确立发展愿景、加强制度建设、优化课程建设和教学管理、促进教师发展等方面发挥作用，从而有效地推动学校的发展。① 一些学者提出，基于校长领导力的专业教学领导、共同愿景的树立、明确责任分配等是学校改进的可行策略。

教师在学校改进中扮演着关键的角色，是影响学生成长和学校发展的重要力量。领袖教师作为一种行使领导力的教师类型，受到了广泛研究。研究关注领袖教师在学校改进中的角色、能力和作用，将其分为经纪人、指导者、调解者和成员等四种角色。根据学校改进的不同阶段，也有学者将领袖教师的工作和能力划分为筹备、执行和总结三个阶段。领袖教师在学校改进中的重要作用主要体现在三个方面：一是通过有效的班级管理，改善学生的学习效果；二是激励教师改进

① 徐长虹、徐玲：《我国中小学学校改进研究述评与展望——基于2005—2021年CNKI文献的知识图谱分析》，载《教育经济评论》，2022年第7卷第4期，第122—123页。

教学，建立学习共同体，促进教师专业发展；三是参与学校事务，推动学校变革。① 另外，促进教师专业发展的研究集中在构建教师专业学习共同体和探讨教师专业发展机制等方面，并出现了批判理性的系统培训发展模式、强调实践反思取向的教师自我发展的趋势。

学校改进的最终目标是促进学生的进步和发展。已有研究主要关注学生参与的方式和角色。学生参与的方式包括赋予权力和权威、根据学校改进的不同阶段控制学生参与的程度，以及加强学生与成人之间的对话。② 学生参与学校改进的水平不同，对应的角色也不同。当学生作为数据来源时，学生的角色是接受者；当学生积极参与时，学生的角色是讨论者；最高层次是学生成为教师的合作伙伴，角色是共同研究者。为了使学生处于学校改进的中心并支持他们发表自己的声音，学校改进需要加强与学生的合作。

学校改进需要得到家庭的参与和支持。家庭参与学校改进的方式有两种：一是家长利用校外资源和自身专业特长，参与学校的教育工作；二是在学校决策和规划涉及学生切身利益时，家长提出自己的意见和建议，参与学校管理工作。然而，家长在参与学校管理方面存在诸多问题，如意识薄弱、角色定位不准确、参与内容片面，以及参与过程中遇到诸多障碍等，因而力不从心。

（四）已有研究的不足

从目前文献来看，国内外对集团化办学的研究内容涉及集团化办学起源、制度建设、运行机制和内外部治理等方面，主要运用的理论有系统理论、协同发展理论和共生理论等。对薄弱学校改进的研究主要聚焦影响薄弱学校改进的因素和薄弱学校改进的策略和路径。不管

---

① 徐长虹、徐玲：《我国中小学学校改进研究述评与展望——基于 2005—2021 年 CNKI 文献的知识图谱分析》，载《教育经济评论》，2022 年第 7 卷第 4 期，第 122 页。

② 卢乃桂、张佳伟：《学校效能与学校改进走向结合的理论基础的探讨》，载《教育学报》，2007 年第 51 期，第 3—7 页。

是单独研究集团化办学，还是单独研究薄弱学校改进，文献量都不少，这些文献也为本书所借鉴，但通过以上述评也发现已有研究存在以下不足。

1. 研究与实践脱节

目前，关于集团化办学和薄弱学校改进的研究文献总量不少，但是能够直接指导实践的非常少。同时，不管是政府，还是学校管理者或者教师，在薄弱学校改进的实际工作过程中，都会遇见诸多问题，这与理论与实践的脱节分不开，也与研究者绝大部分是学者有关——他们往往不会亲自参与集团化办学实践，特别是集团化办学背景下薄弱学校改进的实践，而参加实践的管理者或者教师知道有问题，也知道应该进行研究，但是往往忙于事务性工作，没有时间和动力开展研究。

2. 专门研究集团化办学背景下薄弱学校改进的少

从前期查阅文献来看，不管是单独研究集团化办学，还是单独研究薄弱学校改进，文献量都不少，但是把薄弱学校改进放在集团化办学背景下来研究的相对较少。截至 2022 年 3 月 20 日，在中国知网上，分别以“基础教育集团化办学”和“薄弱学校改进”为主题词，能查到五篇文献；以“基础教育集团化办学”和“薄弱学校改进”组合为主题词也是五篇文献。这十篇文献分别为：朱润蕾的《美国特许学校集团化办学的运行机制研究》、孟世悦的《教育公平视域下的英国中小学“联合学校”研究》、胡陶的《集团化办学模式下的师资配置研究》、李多慧的《集团化办学促进了师资均衡吗》、肖丽丹的《哈尔滨市义务教育集团化办学的问题及对策研究》、程璇的《C 市基础教育集团化办学治理机制的研究》、杨晓莹的《参与、互动、共享：基础教育集团化办学的治理机制研究》、邹勤方的《公办中小学集团化办学下教师专业发展研究》、刘艳萍的《战略管理视角下的薄弱学校改进路径研究》、吴丹的《基于集团化办学的薄弱学校改进个案研究》。在这十篇文献中，其中两篇是以英美国家为研究对象，有三篇专题研究薄弱学校师资，剩下的五篇文献中，有三篇研究涉及薄弱学校改进，而真正专门以薄弱学校改进为研究对象的仅有两篇。阅读这两篇文献后，不难看出，两篇文献都是从单一视角研究薄弱学校改进。由此可以看出，在一定区域范围内，以集团化办学背景下薄弱学校改进为研究对象的多视角、系统研究还没有。本书选取北京市 K 区五所加入集团化办学的薄弱学校，专门研究其改进情况，正好可以填补此研究领域的空白。

3. 适宜的理论框架和分析工具缺乏

从已有研究来看，无论是国际还是国内，理论研究明显落后于实践。学者运用建构主义组织理论、社会资本理论、“新社会运动”理论和杜氏网络理论，以及冲突分析理论、教育公平理论、教育治理理论和教育经济理论等多种理论，对集团化办学进行了分析；从结构主义、文化主义和价值观的视角对薄弱学校改进进行了研究。但是，学者关于集团化办学背景下的薄弱学校改进研究多基于单一角度的探讨，缺乏将薄弱学校作为一个整体开展全方位的学校理论研究。学者对究竟运用哪种理论能对集团化办学背景下薄弱学校改进进行系统分析研究的尝试不多，也就没有形成一套完整的能用于分析集团化办学背景下薄弱学校改进研究的理论。作为一种组织重构模式，集团化办学的发展一定是遵从组织发展规律的。作为集团化办学的一部分，薄弱学校也需要进行组织重构，其过程也应该符合组织发展规律。组织重构理论本身就是一种多维视角的系统理论，能够在组织变革中帮助变革主体进行系统、全面的分析。因此，笔者选择组织重构理论为理论基础之一来分析集团化办学背景下薄弱学校的改进。

第二章　我国的集团化办学与薄弱学校改进

一、我国集团化办学的发展

（一）我国集团化办学的政策演进

我国集团化办学在发展过程中，一直伴随相关政策的支持。2001年，国家层面开始对基础教育实施改革，《国务院关于基础教育改革与发展的决定》中提出，按照小学就近入学、初中相对集中、优化教育资源配置的原则，合理规划和调整学校布局，从政策上为集团化办学在基础教育领域的开展提供了支持。2002年，《教育部关于加强基础教育办学管理若干问题的通知》中要求，城市地区要结合城区改造和学校布局调整，以扶持、联合、兼并等多种形式加快薄弱学校改造，努力扩大义务教育阶段优质学校的规模，满足人民群众对高质量教育的需求。义务教育均衡发展一直是教育部的关注焦点。2005年，《教育部关于进一步推进义务教育均衡发展的若干意见》中指出，积极改善农村学校和城镇薄弱学校的办学条件，逐步实现义务教育均衡发展，坚持义务教育阶段公办学校免试就近入学，加强农村学校与城镇薄弱学校师资队伍建设，在经费投入上要向薄弱学校倾斜。2010年，《教育部关于贯彻落实科学发展观 进一步推进义务教育均衡发展的意见》

中对中小学布局优化与调整提出要求，要求做到规划科学而合理，实现均衡发展。2012 年，《国务院关于深入推进义务教育均衡发展的意见》中要求，发挥优质学校的辐射带动作用，鼓励建立学校联盟，探索集团化办学，提倡对口帮扶，实施学区化管理，整体提升学校办学水平。推动办学水平较高学校和优秀教师通过共同研讨备课、研修培训、学术交流、开设公共课等方式，共同实现教师专业发展和教学质量提升。为了促进县域内城乡义务教育一体化改革，2016 年印发的《国务院关于统筹推进县域内城乡义务教育一体化改革发展的若干意见》中明确指出，要通过城乡义务教育一体化、实施学区化集团化办学或学校联盟、均衡配置师资等方式，加大对薄弱学校和乡村学校的扶持力度，促进均衡发展。2017 年，在教育“十三五”规划中，国家对教育事业发展提出新要求，其中包括集团化办学模式的推广、薄弱学校要得到优质学校的带动、采用委托式或学区制的形式进行管理和创办九年一贯制学校等，有效促进了优质教育资源在区域内的全面覆盖，提升了薄弱学校与乡村学校的办学水平。为了有效激发中小学办学活力，2020 年印发的《教育部等八部门关于进一步激发中小学办学活力的若干意见》中指出，强化优质学校带动作用。深入推进学校办学机制改革，积极推进集团化办学、学区化治理，统筹学校间干部配备，推动优秀教师交流，完善联合教研制度，带动薄弱学校提高管理水平，深化教学改革，增强内生动力，促进新优质学校成长，不断扩大优质教育资源，整体提高学校办学质量。完善集团化办学机制，加大场地设施资源和优质课程教学资源的统筹力度，帮扶薄弱学校和农村学校提高办学水平。在系列政策支持下，我国的集团化办学在过去 20 多年中快速发展。

（二）我国集团化办学的主要历程

我国的集团化办学始于 20 世纪 90 年代的浙江省杭州市。随着浙江省杭州市经济发展和城市化进程不断推进，大量薄弱学校的存在带来的教育不均衡，致使杭州市基础教育在发展中遇到的突出问题发生改变，由“上学难”转变为“上好学难”。杭州市对基础教育领域改革发展非常重视。为实现教育现代化水平提升，杭州市于 2002 年印发了《杭州市人民政府关于深化改革加快发展率先实现基础教育现代化的决定》，指出可以优质学校为龙头，组建跨地区、跨类别学校的教育集团，通过资产和人员重组，改造薄弱学校，提高教育质量和办学效益。我国首个教育集团成立于 2002 年，即杭州市求是教育集团，这意味着集团化办学在基础教育领域正式开始，薄弱学校改进拉开帷幕。[①] 随后，随着国家和地方层面的政策支持力度逐渐增加，集团化办学背景下薄弱学校改进倍受重视，在更广的范围内开展。杭州市于 2006 年专门印发《关于实施中小学名校集团化战略的若干意见》，标志着集团化办学模式在该市得到进一步发展，在政府推动的同时也得到了社会各界的支持。为进一步促进义务教育均衡发展，2005 年印发《教育部关于进一步推进义务教育均衡发展的若干意见》。在这份文件的指导与支持下，北京市、上海市和成都市等一批城市开始集团化办学。此后，伴随国家和地方层面对集团化办学政策支持力度的增加，薄弱学校改进开始大规模实践。经过 20 多年的发展，杭州市、深圳市、成都市、北京市和上海市等多地的实践表明，总体上看，依托集团化办学，确实能实现薄弱学校的改进，能在一定程度上改善优质教育资源不均衡的问题。[②]

二、我国的薄弱学校改进

（一）我国薄弱学校改进的政策演进

改革开放以来，在相关重大事件或政策文件的影响下，我国薄弱

① 杨小微：《探寻区域义务教育优质均衡发展的新机制——以集团化办学为例》，载《教育发展研究》，2014 年第 24 期，第 1—9 页。

② 石小岑、陈茂华：《基础教育集团化办学逻辑与发展路径》，载《未来与发展》，2021 年第 4 期，第 90—93 页。

学校改进的发展历经了前期起步探索、规范建设、逐步适应调整、深入发展四个阶段。“薄弱学校”是相对于“重点学校”而出现的概念。我国薄弱学校形成与中小学重点学校制度的实施有关，这一制度是在系列政策的支持下形成的，如表 3 所示。特别是在我国改革开放之前，国家从政策、资金和人才资源上有意识地向重点学校倾斜。重点学校制度是在国家对人才质量与数量的需求非常高且急迫，但教育资源却极其有限的现实条件下，为了能让各个领域在发展中所急需的人才得到满足而实施的一项制度。该制度符合我国发展的阶段性特征，满足了国家发展对建设人才的迫切需求，却也在一定程度上导致了薄弱学校问题的出现。

表 3　我国支持形成重点学校的主要政策

时间	政策文件	发文单位
1952 年	《关于有重点地办好一些中学和师范学校的意见》	教育部
1962 年	《关于有重点地办好一批全日制中小学校的通知》	教育部
1978 年	《关于办好一批重点中小学试行方案》	教育部
1980 年	《关于分期分批办好重点中学的决定》	教育部
1983 年	《关于进一步提高普通中学教育质量的几点意见》	教育部
1995 年	《关于评估验收 1000 所左右示范性普通高级中学的通知》	原国家教育委员会

资料来源：作者自制。

改革开放以来，在改进薄弱学校过程中，我国密集出台政策文件并推动其实施落地，从硬件设备、资金、技术到管理、教师培训、生源等方方面面对薄弱学校给予了大量的政策扶持，促进了教育公平。对农村薄弱学校和西部地区薄弱学校，更是给予了政策上的特殊支持。地方各级政府也纷纷出台相关配套政策来支持薄弱学校的改进，如表 4 所示。

表 4　我国推进薄弱学校改进的主要政策

序号	时间	政策文件	发文部门
1	1986 年	《关于在普及初中的地方改革初中招生办法的通知》	原国家教育委员会
2	1986 年	《中华人民共和国义务教育法》	第六届全国人民代表大会第四次会议通过
3	1997 年	《关于 1996 年在全国开展治理中小学乱收费工作的实施意见》	原国家教育委员会等
4	1998 年	《关于加强大中城市薄弱学校建设，办好义务教育阶段每一所学校的若干意见》	教育部
5	2000 年	《关于全国中小学收费专项治理工作实施意见》	教育部
6	2001 年	《关于基础教育改革与发展的决定》	国务院
7	2003 年	《关于进一步加强农村教育工作的决定》	国务院
8	2005 年	《关于进一步推进义务教育均衡发展的若干意见》	教育部
9	2006 年	《中华人民共和国义务教育法》	第十届全国人民代表大会常务委员会第二十二次会议修订
10	2007 年	《中西部农村初中校舍改造工程总体方案》	国家发展和改革委员会、教育部
11	2008 年	《关于深化农村义务教育经费保障机制改革的通知》	国务院
12	2009 年	《关于当前加强中小学管理规范办学行为的指导意见》	教育部
13	2010 年	《国家中长期教育改革和发展规划纲要（2010—2020 年）》	国务院

续表

序号	时间	政策文件	发文部门
14	2011 年	《关于实施农村义务教育薄弱学校改造计划的通知》	财政部、教育部
15	2012 年	《县域义务教育均衡发展督导评估暂行办法》	教育部
16	2012 年	《关于深入推进义务教育均衡发展的意见》	国务院
17	2013 年	《中共中央关于全面深化改革若干重大问题的决定》	党的十八届三中全会
18	2013 年	《关于全面改善贫困地区义务教育薄弱学校基本办学条件的意见》	教育部、国家发展和改革委员会、财政部
19	2015 年	《农村义务教育薄弱学校改造补助资金管理办法》	财政部、教育部
20	2015 年	《关于进一步做好全面改善贫困地区义务教育薄弱学校基本办学条件有关工作的通知》	教育部
21	2015 年	《全面改善贫困地区义务教育薄弱学校基本办学条件工作专项督导办法》	国务院教育督导委员会办公室
22	2017 年	《关于进一步加强全面改善贫困地区义务教育薄弱学校基本办学条件中期有关工作的通知》	教育部、财政部

资料来源：作者自制。

（二）我国薄弱学校改进的主要措施

1. 实施就近入学，废除重点学校

原国家教育委员会在 1986 年明确指出，初中招生考试机制滞后于时代发展，要稳妥地取消。在学籍管理方面，小学生准予毕业后可直接进入初中学校。当年出台的《中华人民共和国义务教育法》明确指出，适龄儿童与青少年如果在户籍所在地入学应遵循就近原则。1988年，教育主管部门又提出，要把更多治理资源用于薄弱学校方面，尤其以初中建设为重，广泛组织调研，分批次推进，全面覆盖、全面治理，使此类学校发生彻底改变。这表明，在基础教育领域，我国把薄弱学校当成教育改革重点之一，为其提供更多资源。经过多年的政策调整与演变，目前，从政府管理层面，重点学校已经取消，但其影响较为深远，主要体现为示范校和核心校等形式，继续影响着教育的均衡发展。

2. 加大基础投资，促进均衡发展

2002年，教育部为进一步促进基础教育办学管理水平的提升印发《教育部关于加强基础教育办学管理若干问题的通知》，把均衡发展设定为基础教育的战略发展目标。2006年新修订的《中华人民共和国义务教育法》指出，应当合理配置教育资源，促进义务教育均衡发展，改善薄弱学校的办学条件，为薄弱学校的发展提供了法律保障。在后续的政策细则及具体执行中，一方面，国家加大了义务教育的投入，特别是向农村地区、中西部地区、老少边穷地区进行政策倾斜，但在具体区域仍难以消除教育的不均衡；另一方面，引导教师资源不断合理配置，通过调整工资水平、加大教师轮岗力度、提高乡村教师待遇等措施，大力提升薄弱地区、薄弱学校的就业吸引力。

3. 实施均衡教育，优化办学条件

党的十八大和十八届三中全会均明确表示，在教育发展中要把“公平”设定为主基调，在分配教育资源时要协调好城乡关系，尤其要照顾集中连片贫困地区、少数民族地区、农村地区，使城乡、地区、校际的差距逐渐缩小，既要稳固基础，也要快速补齐短板，还要促进质量提升。相关部门随后为基础教育均衡化发展及改革印发多份政策文件，把办学条件改善当成重点内容，以扩大优质增量资源的供给，使基础教育在发展中能合理而均衡地分配资源。

三、北京市集团化办学与薄弱学校改进

北京市对薄弱学校的改进始于20世纪末。1996年，北京市为促进基础教育领域薄弱学校建设与发展出台相关管理办法，薄弱学校改进由此开始。21世纪初，北京市开展了“小学规范化工程”和“初中规范化建设工程”，重点从基础硬件层面，推动薄弱学校的改进。

北京市依托集团化办学改进薄弱学校始于2005年，由北京市发展和改革委员会牵头，会同北京市教育委员会等委办局和区县政府启动了名校办分校的试点工作，这是小规模集团化办学下薄弱学校改进的尝试。2012年，北京市正式启动“城乡一体化学校”建设，由市级层面提供经费支持并协调相关部门，在城市功能拓展区和城市发展新区重点支持薄弱学校和优质学校实行“一个法人、一体化管理”改革试点，这是初具规模的集团化办学背景下薄弱学校改进的探索。这一时期的探索缩小了乡村薄弱学校与城市优质学校之间的差距。党的十八届三中全会以后，随着教育综合改革的不断推进，北京市集团化办学蓬勃发展。区域内校际联盟、协作区、教育集群、资源带，以及多种形式的教育集团，在各区迅速成立并在薄弱学校改进方面产生良好的效能。在东城区、西城区、丰台区，大多数薄弱学校都不再“单独”存在，要么属于某个优质教育资源带、深度联盟校，要么属于某个教育集团、教育集群等。2018年9月，为了更好地促进中小学集团化办学水平的提升，北京市教育委员会专门印发《北京市教育委员会关于推进中小学集团化办学的指导意见》，为集团化办学在中小学阶段的开展设定了总体目标，提出关键任务，也制定了相应的保障措施，起到了纲领作用，为集团化办学的快速发展作好了政策准备。从2019年情况看，北京市全市范围内集团化办学成员校多达100所，基础教育领域集团化模式在全市范围内正式推进。①

① 高鹏怀、刘继为、李雪飞：《基础教育集团化办学的模式、问题与进路》，载《教学与管理》，2021年第21期，第39—42页。

北京市K区依托集团化办学实现薄弱学校改进的发展历程与北京市同步。2008年7月，北京市K区教育委员会批准该区一所示范校开展集团化办学，该集团依托名校资源，辐射七所薄弱学校的发展，成为K区最早的基础教育集团之一。党的十八届三中全会以后，随着教育综合改革的不断推进，在北京市委教育工作委员会、北京市教育委员会的领导下，K区以多种举措促进集团化办学模式的推进与应用。北京市教育委员会在2018年第13号文件中对集团化办学模式在中小学阶段的发展提出意见，在政策指导与支持下，K区依托集团化办学，实现薄弱学校改进工作快速跃升。2018年12月18日，K区召开义务教育优质资源扩充工作会，其核心就是通过集团化办学、一体化管理，发挥优质资源的引领辐射作用，带动区域板块内薄弱学校办学水平的提升，从而实现区域办学质量的整体提升。此次会议后，K区几乎所有的薄弱学校都加入了集团化办学，不属于任何教育集团而“单独”存在的学校几乎没有。截止到2022年年底，K区实际开展集团化办学的基础教育集团达到18个。

第三章　集团化办学背景下的薄弱学校改进案例

本章介绍北京市 K 区五所加入集团化办学的薄弱学校改进情况（案例学校和受访人员编码如表 5 所示）。通过案例分析，总结集团化办学背景下薄弱学校改进过程中实施的主要改进措施、取得的重要改进成效、差异存在的影响条件，以及通过跨案例分析总结遇到的共性问题，从而深刻探索集团化办学背景下薄弱学校改进的强关联因素。

表 5　案例学校和受访人员编码

案例学校代码	受访人员	受访人员代码
A 学校	名校校长	M1-M5
B 学校	薄弱学校校长	H1-H5
C 学校	薄弱学校管理者	G1-G2
D 学校	薄弱学校教师	T1-T3
E 学校	薄弱学校学生	S1-S6
	薄弱学校家长	P1-P3
	社会人士	Z1-Z5

资料来源：作者自制。

一、A 学校的改进与成效

1．A 学校所在教育集团的发展

A 学校所在教育集团的核心校创建于 20 世纪 50 年代，70 年代被认定为北京市重点中学，21 世纪初成为北京市示范性普通高中，2001 年开始一校两址办学。为促进区域教育均衡，2012 年开始集团化办学。目前，A 学校所在的教育集团已形成一校九址的规模办学。

2．A 学校发展的基本情况

A 学校最初为公立初中校，成立于20 世纪50 年代，现在的校名是 2019 年加入集团化办学更名而来。在校学生 322 人，开设班级数量 18 个。在最近的学年，教师区级以上获奖达 24 人次，学生区级以上获奖达 50 人次，教育满意度达到 96.8%。

3．A 学校实施改进的主要措施

在加入集团化办学之前，A 学校面临的主要问题涉及两方面：一是生源急剧下降；二是留不住教师，年轻教师和骨干教师纷纷调离。为解决这一现实问题，A 学校在加入集团化办学后，主要采取了以下改进措施。

（1）与教育集团保持章程统一、行动一致。一方面，紧密围绕学校所在集团的章程，定制 A 学校的学校章程，充分体现与贯彻教育集团的办学理念、育人目标、校风学风等。另一方面，紧密衔接教育集团的五年发展规划、五年行动纲要等文件，在教育集团的大体系、大目标、总任务中，谋划 A 学校的发展目标、未来规划及工作重点，努力形成战略目标的统一、发展节奏的协调。

（2）贯彻并融入教育集团的办学理念。紧密围绕集团核心校的办学理念，充分结合 A 学校学生基础薄弱等现状，因地制宜地引导学生合理规划自身未来，“即使是职高的孩子、务工的孩子，也一样有他们自己的规划”（H1）。同时，A 学校立足这一现状，即为“新时期随迁儿童发展，找到了一个育人的新理念”（H1），给予他们适合自身发展的教育资源及教学安排。

（3）紧密了校长与教育集团的管理统筹。一方面，教育集团定期召开集团层面的校长会。每个学期伊始，组织召开各成员校校长大会，统一宣讲教育集团的发展思路、年度计划、重点任务等，让每个校长都在统一的年度关键绩效指标中，去考量自己分校的任务。另一方面，定期召开分校校长的经验交流会。在每个学期期末，安排以分校校长为主的管理、教研、教学等交流活动，宣传好的做法与经验，研讨总结遇到的共性、特性等问题，促进各校有针对性地改进与提升。

（4）实施了教育集团内的教师轮岗机制。结合 A 学校学生少的特点，将部分青年教师或骨干人才选派到集团核心校进行交流轮岗。集团核心校的学生多、进度快，这就为年轻教师提升教学水平提供了难得的实践场景。与集团核心校教师共同备课、共同教研，在高标准、高负荷的教学环境中形成教师间良性的赛马竞争机制。

4. A 学校改进措施实施后的成效反馈

（1）有效解决了生源不足问题。A 学校加入集团化办学后，学生数大大增加，有效解决了学校生源不足的问题。A 学校所在的教育集团优异的办学成绩与优良的教育口碑，以及 A 学校所在地区还有该集团另外一所分校的优秀表现，都让家长群体对 A 学校的印象大为改观。通过集团品牌下的统一招生，学校的生源数量增加得很快。

（2）办学质量实现快速提升。家长、学生对 A 学校满意度保持高位稳定。2021 年，A 学校斩获“优秀基层领导班子”的荣誉。2019—2022 年，A 学校连续四年被评为“K 区教育教学工作优秀校”。

（3）形成了教师队伍留人机制。A 学校所在的教育集团允许部分成员校（特别是薄弱学校）的学生参加教育集团组织的游学活动，享受集团优质的教育资源。由此，既给予了优秀学生拓展视野的平台和机会，又增强了教师的成就感，稳定了师资队伍，形成了独特的用人、留人机制。

（4）丰富了集团校际沟通交流。由于在地理距离上与教育集团总部或核心校相隔较远，A 学校无法与核心校产生特别频繁和紧密的联系。但是，由于 A 学校与同地区该集团另外一所分校之间距离近，且两校在生源、教师、目标任务等方面均不存在竞争关系，因而在教育集团的集体中，自发形成交流紧密的关联校。两校在管理、人事、聘任等方面信息共享，在操场、校舍、实验室等方面空间共用，在节庆、体育、竞赛等方面活动共办，从而进一步延伸至教研互助等。

5. A 学校调查分析小结

（1）主要经验。一是教育集团品牌的影响力，确实能在一定程度上解决薄弱学校生源方面的问题，从而在根本上改变薄弱学校的基本生态；二是教师轮岗交流机制，对于薄弱学校中要求上进的教师而言，从开阔眼界、摔打锤炼、接受更好水平培训等方面来看，都是一次难得的机遇；三是地理空间的便利，可以促进教育集团内更多自发性合作、交流与共享，应当在后续的改革深化中，予以特别关注。

（2）主要问题。与其他校际融合成功案例不同，A 学校由于存在生源与集团校差异较大等问题，在历经与集团校的共同备课、共同培训实践后，明确感觉到学校之间在教学需求、授课进度等方面的不同，A 学校所在的教育集团更多的是培养拔尖创新人才，而 A 学校更多的是夯实学生基础，无法简单地实行“一刀切”的教育资源共享和教研工作一体化，最终在共同教研上面临实效不强的问题。

二、B 学校的改进与成效

1. B 学校所在教育集团的发展

B 学校所在集团核心校成立于 20 世纪 50 年代，是典型的公办完全中学。目前，一校六址，校园占地超过 200 亩（约 13 公顷），在校学生超过 3000 人，已经形成初具规模的教育集团办学模式。

该校建校初期设立的校训，对师生员工的思想与行为起到重要引领作用。多年以来，该校通过科学合理的管理模式把学校发展成品牌，形成优良校风，强调敬业、诚信、质朴的重要性，以育人为根本，引领学生张扬个性，促进其全面发展，努力把多位教师培养成北京名师。该校历年在中考与高考中取得优异成绩，每年都有学生考入北京大学、清华大学、复旦大学、浙江大学等国内名校。

2．B 学校发展的基本情况

B 学校为公立初中校，成立于 20 世纪 50 年代。现在的校名由加入集团化办学后更名而来。2019 年，教育集团核心校的校长同时兼任该校校长。目前，该校校长由集团另一名副校长担任。2022 年，在校教职工人数为 35 人，拥有本科以上学历的为 34 人，高级职称教师占比约 25%，区级以上骨干教师占比 25%；在校学生总数为 126 人，开设班级 6 个。在最近的学年，教师区级以上获奖达 36 人次，学生区级以上获奖达 8 人次。

3．B 学校实施改进的主要措施

作为一所农村校，B 学校面临的最大问题是，由于学校周边住户的搬迁，在就近入学的政策影响下，学校生源逐步萎缩。随着生源的减少，教师的工作量得不到保证，严重影响了教师的收入和发展，部分教师开始想办法调离。随着优秀教师的调离，B 学校对学生的吸引力减少，学生越来越少，形成恶性循环，导致学校办学质量不断下降。加入集团化办学后，B 学校主要采取了以下改进措施。

（1）完善本校管理制度建设。加入集团化办学后，B 学校首先完善了学校管理制度体系。一方面，按照区委教育工作委员会对集团内薄弱学校的要求，编制了学校的安全管理制度、师德管理制度、教育教学管理制度、班主任工作管理制度和各种督导反馈评优评先制度，理顺了学校的管理体系；另一方面，借鉴集团核心校的制度，修订了《B 学校章程》《B 学校制度汇编》《B 学校三年规划》等规章制度，形成方向正确、目标明确的学校管理制度机制。

（2）不断优化学校监督管理机制。加入集团化办学后，B 学校借鉴集团核心校的管理机制，着力强化校务监管，对于“三重一大”事项，严格走民主决策流程。坚持教职工大会制度，定期向全体教职工公开学校党建、职评、评优评先、考核、福利、人事变动等情况，如各类骨干评选和学年度考核评优等。切实保障教职工的知情权、参与权、表决权、监督权。每年组织工会代表评议学校工作，收集和反馈教职工对学校的意见和建议，确保学校和职工间信息对等、沟通畅通、关系和谐。

（3）着力强化教师队伍培育提升。强化教育集团优质资源利用，学科教师每周都会参加集团核心校备课组活动，提升学校教师教学设计及教学能力。克服与核心校距离比较远的现实困难，组织教师在线参加“教师教学模式提炼与教学质量提升工程”系统培训，在学科专家的指导下，帮助青年教师熟练掌握各种课型模式，提升课堂教学能力。强化本校教研平台建设，组织开展课题研究活动，解决教育教学中的实际问题，培养思考、研究的意识和能力。强化教师系统培训，组织开展考研培训，加强学科课标和中考试题的研究，开展命题、解题、说课等比赛，提升教学能力。

（4）积极开展教师轮岗和学生游学活动。定期邀请集团学校特级教师到校开展教学培训，给予年轻教师更多教学、教研方面的业务指导。组织教师到集团的各个成员校轮岗授课，进行以学期、学年为单位的交流轮岗，给每位教师提供更大的实践场景与提升机会。选送有特长的学生到集团核心校游学，给予其更多优质教育资源倾斜和更多的展示机会，鼓励这些学生不断超越自我，给其他更多的学生树立榜样。

4. B 学校改进措施实施后的成效反馈

（1）学校发展及管理更加规范。B 学校借鉴核心校制度机制后，按照发展规划，扎实、有序地推进各项工作，能如期完成年度目标并取得一定成绩。借鉴核心校课程设置和管理机制，围绕落实立德树人根本任务，以社会主义核心价值观为指导，深入落实精细化管理各项要求，积极探索培养学生核心素养的教育教学模式，完善义务教育阶段学生发展的课程体系建设和管理模式建设，促进全体师生的成长成才，推动教育教学质量稳步提升。

（2）教科研成果持续涌现。来自核心校特级教师的指导，使该校每年有近30人次的论文、案例等获市区级奖励；“十三五”规划期间，有8个市区级课题顺利结题；“十四五”规划期间，有7个市级课题成功立项。在科技教育方面，每年都开展科技嘉年华活动，掀起科技教育高潮，极大地激发了学生的兴趣。在心理健康教育方面，关注特殊群体的需求，很大程度上帮助学生、家长和教师解决心理问题及矛盾冲突，保证学校正常教育教学秩序，收到良好效果。

（3）教学质量得以持续改善。经过学校的大力培养，骨干教师队伍梯队基本形成。学校现有各级各类骨干教师15人。其中，市骨干教师1人、市骨干班主任1人；区学科教学带头人1人、区优青3人；校级骨干教师5人、校级优秀青年教师3人、校级优秀青年班主任1人。教师获得的荣誉称号和不同级别教学、科研奖励的数量逐年递增。每年都有家长、学生给学校送锦旗，对教师教育教学水平满意度逐年提高。

（4）学生素养得到较大提升。2019年以来，每年均有学生获得“市级三好学生”“区级三好学生”“百名美德之星”“区美德标兵”“区级优秀集体”等荣誉称号。2019年、2020年，连续两年荣获“初中教育教学工作进步校”称号。2021年的中考在保持原有优势的基础上，高分段学生有了新的突破，15名有升学资格的学生中有12人升入高中。

5. B学校调查分析小结

（1）主要经验。一是集团核心校校长兼任薄弱学校校长的同时，把核心校主管干部派到薄弱学校担任主要领导，这是推进薄弱学校改进的有效方式。B学校在这个阶段的整体工作远远好于加入集团化前的阶段。二是有计划地定期参加集团活动是稳定生源和提升生源质量的良好策略。

（2）主要问题。一是生源是薄弱学校改进提升的核心难题。B 学校周边社区少、居民少，生源数量呈加速萎缩趋势，加之区域发展不均衡及地理位置偏僻等因素，一直难以从根本上解决生源问题，严重影响了学校持续改进提升的前景。二是教育集团扩张应当设置基本条件。与 A 学校和 C 学校所在的教育集团相比，B 学校所在教育集团规模小，集团化办学周期短，整体办学成绩有限，其自身尚未达到发展资源溢出的阶段，由此对于新加入薄弱学校的指导帮助有限。三是教育集团要有基本的顶层架构设计。相比成熟的教育集团，B 学校所在教育集团在集团层面仍缺少督导中心、教研中心等顶层架构，整个集团的教学、教研、德育和课程统领建设还有待加强。四是主管部门在进行集团化办学的顶层设计时，要充分考虑集团核心校与 B 学校在地理空间上的距离，为两校发展紧密关系奠定基础。

三、C 学校的改进与成效

1．C 学校所在教育集团的发展

C 学校所在教育集团的核心校始建于 20 世纪 20 年代，是 K 区办学历史长、办学规模非常大的学校之一。目前，该集团核心校已经成长为成熟的教育集团，教育服务覆盖小学、初中和高中 12 年基础教育。在北京市义务教育学区化改革及 K 区教育大发展的格局下，该教育集团的办学规模，从一校 5 址发展至一校 25 址；在职教职工超过千人，在校学生超过万人。

C 学校所在教育集团在办学与育人中立足为所有学生负责，努力让区域广大群众感到满意与认同。在这一目标的长期引领下，集团创建教育品牌，培养优秀师资，促进学生个性发展，以所有学生都能实现全面发展为目的组织教育教学活动，把高品质的教育带给学生，突显教育特色，创造更高的社会效益。在具体实践中，全力打造集团优质教育品牌，在办学中突显个性，以科学合理的方式开展教育活动，向国际一流水平看齐，促进集团合理规模化扩张，率先探索实践集团领导下校区校长负责制办学模式，不断推动成员校改进提升，引领教师队伍大步前进，满足在校学生群体的发展需要。

2．C学校发展的基本情况

C学校为九年一贯制学校。2022年，在校教职工总数达到367人，取得高级职称以上的约20%，区级以上骨干教师超过25%。开设班级数量达到135个。在最近的学年，开展市区级课题21项，教师区级以上获奖达368人次，学生区级以上获奖达685人次。

3．C学校实施改进的主要措施

C学校在加入集团化办学之前，面临的最大问题是管理涣散带来学校办学质量下降，导致家长不信任，生源持续下降，有能力的教师调离，留下的教师基本处于“躺平”状态。如此一来，造成了恶性循环。加入集团化办学后，学校主要实施了以下改进措施。

（1）保持教育集团的合理扩张规模。C学校所在的教育集团在扩展为一校25址后，不再盲目拓展分校规模，而是在大教育集团下，率先探索设立子教育集团。由一个核心校带领地理位置相近的四至五所成员校（含薄弱学校），组成大集团下的子集团。各个子集团共同沿袭大集团的共性制度，并紧密协同形成大教育集团的办学优势，从而更有力、有效地带动薄弱学校，快速融入教育集团。

（2）核心校校长直接兼任C学校校长。C学校与该地区同教育集团下教育质量较好的另一所分校的校长和法人均由同一人担任，实施一体化管理。实际上，这所质量较好的分校在这个地区形成的教育集团中承担了核心校的角色。当然，这所学校本来也是集团核心校的一个校区，与集团核心校隶属同一法人。这样的管理结构，实现了核心校与薄弱学校人、财、物的统一调配，无论是资源共享、共用程度，还是目标统一、任务协同程度都非常高。在访谈中，有人提出：“我们学校组织是这样一个情况，即两个分校实现了融合一体办学。这两个学校原先分别隶属于两个不同的法人。在两校融合办学后，采用了一种比较特殊的架构设计，比如，两所学校的法人和校长由同一人担任。这个架构，是其他地方不常见到的。”（H3）此种架构设计，快速、直接地实现了核心校与薄弱学校的深度融合。

（3）两校实施统一的管理、教研等制度。充分发挥两所学校空间距离临近优势，实施统一的管理及教研制度。在教研方面，实行强校带弱校模式，由核心校更有能力的教师担任年级组长、学科教研组长、学科备课组长，组织两校教师共同备课、共同培训，让薄弱学校的教师更快、更直接地提升自身业务能力。在教师方面，实行教师交叉使用模式，将两校教师队伍融合，根据实际情况实行统筹调配，一方面将核心校教师派往C学校授课，另一方面也选派C学校教师到核心校授课，并安排两校教师在共同的办公室进行日常工作，充分打破两校界限。

（4）C学校教职工工作心态调整。这个心态调整过程经历了两个阶段：一是严格执行教育集团的统一管理制度。严格推行考核、评优等制度，努力调整薄弱学校教职工原有的“躺平”心态。二是贴心解决教职工现实问题。在严格实施统一管理制度的同时，关注薄弱学校教职工所面临的现实问题。例如，C学校以前普遍面临着职工饭菜差、教职工停车难、校区周边环境差等问题，后来充分借助集团力量，使软硬条件得到大幅改善，赢得教职工的理解。三是集中培训达成目标一致的发展共识。利用寒假、暑假等连续时间，集中拉练、培训、提升，让每位教职工看到并感受到自己的改变，从内心接受并认可学校的改变，并看到学校改变后对个人的益处。

4. C学校改进措施实施后的成效反馈

C学校通过并入教育集团几年来的一系列改进，在以下几个方面取得了较好的成效反馈。

（1）学生学业水平快速提升。“仅仅两年的时间，C学校的总体成绩已经实现了全面好转，位居全区前列，进步非常快，也非常大。”（M3）例如，2022年6月，C学校初中学业水平考试中，有7名学生取得655分以上高分，25人取得650分以上，29人取得645分以上，28人取得640分以上。学校有22.7%的学生考入市级示范校，60%的学生考入区级示范校。

（2）教学研究水平实现大幅提升。2022年，C学校3项市学会课题和11项区规划课题获得立项；2项市级规划课题、6项市级信息技术课题完成中期工作。学校还成立了15个骨干教师工作室，67人成为工作室的核心成员。优秀工作室的活动分享、经验总结，能起到引领作用。通过把各工作室的活动时间列入课表，给予工作室活动时间、场地、资源的支持等方式，推进工作室课程资源建设，实现研究水平的整体提升。

（3）教师队伍得以优化更替。几年来，C学校实现了教师队伍的有效更替，学校原来有教职工190多人，其中离职、转岗人数约四五十人，连续3年每年新进教职工50余人，全校教师队伍及编制方面得到了大幅优化。一方面，重点实现了45岁以下，在能力、态度、成绩等方面存在问题的教职工的劝退、离岗、转职等；另一方面，通过核心校、成员校调岗，以及教育集团对外扩大招聘，为C学校引入了大量新生力量。

（4）教职工岗位得到匹配优化。对于态度端正、有上进要求的教职工，C学校通过集中培训、允许调剂、岗位挖掘、鼓励转岗等多项措施，引导每一位教职工在教育集团中找到适合自己能力的岗位。“对于能力特别有限的教职工，我们与其进行客观、公正的沟通交流，一是给教职工自我提升的机会；二是允许教职工转岗就职；三是挖掘了部分新岗位，但明确更多、更严格的工作任务或管理要求，引导大家发扬正能量，坚决抵制传闲话、发牢骚等不良风气。”（M3）

5. C学校调查分析小结

（1）主要经验。一是教育集团层面合理的规模控制，让后续并入的成员校，特别是薄弱学校，可以快速、直接地得到集团在管理、师资、物资等方面的扶持，从而实现快速融入、快速改进提升；二是借助地理空间临近的优势，核心校与薄弱学校得以在管理、教学、教研等多个层面实现紧密联系、高频互动，更快地实现共享与互促；三是在教育集团优质资源倾斜、制度统筹下，以及在薄弱学校严格、高效的贯彻执行下，核心校的优质内容得以快速、平稳地嫁接到薄弱学校，并快速实现管理能力、教师教研水平、学生学业水平等多方面的提升。

（2）主要问题。主要表现为集团化办学上位法规政策的缺失，具体而言：一方面，表现为教职工工资标准无法统一。由于某些历史原因，C 学校的教职工虽然可以在管理、培训、教学等层面实现两校或多校交流融合，但上位政策仍然将 C 学校在编教职工绑定在 C 学校的体制内，突出表现为同工不同酬等问题。另一方面，体现为编制方面相对刚性的政策约束。各个学校无法根据各区域特点或教育集团成员校间的统筹管理和交流需要，来进一步实现更优化的人力资源配置，这在一定程度上大大约束了学校改进提质增效的潜力空间。

四、D 学校的改进与成效

1. D 学校所在教育集团的发展

D 学校所在核心校成立于 2013 年，是比较新的一所学校。2019 年，在 K 区基础教育资源整合中，由于地理位置临近，D 学校更名后，作为集团分校加入集团化办学。随后，三所学校加入该教育集团。一年后，两所中学和四所小学加入该教育集团。至此，D 学校所在教育集团形成了涵盖小学、初中和高中的十二年一贯制公立学校集团。该教育集团在长期发展中设定了现代化与国际化的发展目标，明确办学定位，努力展现北京风采、体现中国气质，引领师生员工涵养世界胸怀，向着世界级名校的方向发展。

2. D 学校发展的基本情况

D 学校为公立初中校，成立于 20 世纪 50 年代。现在的校名由加入集团化办学后更名而来。学校于 2022 年 7 月搬入现在的新校区。新校区硬件条件比较起老校区，有了很大提升，占地面积达到 204 798 平方米，建筑面积为 36 372 平方米。D 学校有教职工 97 人，本科及以上的有 96 人。其中，拥有高级职称的超过 25%，区级以上骨干教师占比约为 25%，在校学生 600 多人。

3．D 学校实施改进的主要措施

D 学校加入集团化办学前，面临的最大问题是生源较差、教师超编。因为其附近不到一百米就是一所名校，家长几乎不可能自愿选择 D 学校。因此，到这所学校的学生都是薄弱学生或者农民工家庭的孩子，京籍的孩子仅占到学生总数的三分之一。好学生到了初三就回户籍所在地，很多教师就觉得初一、初二花了时间和精力，但是看不到效果，没有成就感，甚至觉得干与不干一个样。在这样的氛围下，好的教师调走，水平一般的教师处于“躺平”状态，学校管理松散。因此，加入集团化办学后，学校从以下几方面实施了改进。

（1）全面对接教育集团的规章制度。D 学校加入教育集团后，紧密围绕教育集团在学校规章、管理制度、工作标准等层面的规范性文件，实现学校管理章程的统一对接，从教师日常行为规范、作息时间、课程设置到绩效工资制度等均执行教育集团的统一标准，将教育集团的办学理念深度融入本校办学中，引导上下一致的学风校风及价值取向。D 学校紧密围绕集团发布的五年规划、年度计划等，制定本校的发展规划、发展目标、年度任务，实现与集团发展节奏的高度协同。

（2）大幅提升学校管理层的管理水平。集团每月在各个校区或者分校召开一次集团理事会例会。例会由各校区或者分校党政正职和副职干部参加，所到校区或者分校的主要中层干部也会列席。例会主要有以下环节：一是听取所在校区或者分校的主管汇报工作；二是全体成员分别深入校区或者分校班级听一节课，并与主讲教师进行交流；三是集团校校长就集团上个月的主要工作进行总结并对下个月工作进行安排；四是理事轮流进行读书分享。通过集团层面的理事会例会，实现校长层、管理层的交流、研讨、共商，开拓管理层视野，丰富中层干部经验，共享更多优秀学校的管理方法、模式与案例，为薄弱学校的管理者提供现场学习优秀管理经验的机会。集团内干部的轮岗交流，让分校的干部有机会深入集团核心校内部，体验核心校的办学理念和办学文化；核心校干部轮岗到薄弱校，带去了核心校的办学理念和操作实践，提升了薄弱学校干部的管理水平。集团层面组织开展的管理层业务技能、专项知识、实践活动等培训，体系化提升了薄弱学校的运行效率和服务水平。

（3）不断强化扁平化管理模式。借鉴核心校的管理模式，中层干部联系年级组、教研组，深入一线、深入班级、深入课堂，积极了解学生状态和教师状态，主持参加年级教师会、年级学生会、年级期中期末学科成绩分析会。例如，D 学校适时组织召开年级教师会，沟通课堂教学、工作纪律等相关事项；关注年级日常工作开展，走进课堂观察学生状态、跟踪教师教学，为年级主任提供力所能及的支持。这些举措大力度地强化了 D 学校扁平化管理，让学校对一线实际情况了解得更清晰，问题解决和家校沟通更及时。

（4）积极实行与教育集团集体教研。利用与集团初中部同在一个校区办公的优势，D 学校动员教师积极参加集团组织开展的集体教研，如在年级层面、学科层面的各类教师研讨会、交流会及教研社团。鼓励党员教师带头进行跨学部听课，并把听课中的亮点在学校的交流群进行分享，为校区融合发展作出表率，同时经常性地向骨干教师学习，提升自己的业务水平。集团还组织学术委员会的专家开展每月一次的集团视导，专家们走进课堂，手把手指导教师提升课堂育人水平，大大开拓了薄弱学校教师眼界、提升了教师业务水平，促进了良性学习竞争。集团也充分利用集团核心校特级教师、正高级教师和市区级骨干教师资源丰富的优势，开展“师徒结对”与“跨校教研”活动，一对一帮助 D 学校的教师提高业务水平。

（5）给予师生更大的自我展示平台。D 学校积极组织学生参加集团举办的各类学生活动，如大讲堂、校园文化项目、研学活动和各级

“小院士”科技活动等，充分利用教育集团的大平台、大舞台，让更多学生抓住更大的机遇，让更多家长感受到学生的成长，让更多教职工体会到学校的改进。

4. D学校改进措施实施后的成效反馈

（1）学校管理不断完善。借鉴集团核心校的管理理念和干部队伍培养机制，队伍管理整体水平得到提升。目前，D学校的管理基本实现了专业化。“以前一个人管好几项工作，精力都是有限的，肯定做得不精，也没时间去钻研，现在集团这个样子就挺好，像艺术、科技和体育有专人负责，不是全都由德育负责，分工更细，有精力去钻研，专业的人做专业的事情，我觉得真挺好的。”（DG2）实行一体化管理后，立足促进师生发展、推进教育教学工作和推动学校整体改进的需要，D学校采用了集团核心校的全部日常管理制度和绝大部分常规管理制度，实现了学校管理机制的不断完善，学校高效运营得到了充分保证。

（2）教师教研水平和获得感持续提升。教师专业化发展上了一个新台阶。2022年，教职工获得市区级奖励超过50人次，创近3年新高；教师承担区级以上研究课的达3人次。人才队伍不断壮大，新一轮区级骨干评选共有22人次当选，本校教师被聘为区兼职教研员和区科研员。轮岗交流更加频繁。2022年，学校派出全职交流轮岗教师14人，社团服务交流轮岗17人，学科教研指导7人；学区及集团派入交流轮岗教师、骨干教师学科指导49人，社团服务交流轮岗38人。在问卷调查和平时的走访调研中也发现，D学校教师对当下的工作环境和日常生活，均感到非常满意。

（3）学生学业水平大幅提升。在加入集团化办学的第一个中考季，D学校中考成绩综合平均分达到531分，名列全区同类校前茅，优秀率为96%，合格率、及格率为100%。由此可见，集团化办学使D学校学生学业水平实现了质的提升。

（4）形成德育教育特色。秉承集团核心校的校训，结合集团“做中学”的教育理念，充分融合本校特点，以德育教育为切入点，把中华优秀传统文化和学生的养成教育有机结合起来，持续开展了露营、阅历课程等一系列活动。在活动中，学校搭建平台，鼓励学生自主策划、自主撰写活动方案并自主组织实施，累计完成了春节、元宵节、清明节、端午节等主题活动。例如，学校组织学生参加集团学生春季活动，学校给每个班级每人一日外出活动的经费预算，要求每个同学做方案，进行小组、班级、年级和学校的答辩，答辩通过后才能走出学校、走进自然。学生需要查阅资料、实地踩点、小组合作制作演示文稿、制定外出的安全预案、接受评委质询，到了学校层面，答辩不过的还要重新准备，进行二次答辩。这个过程对学生思维全面性、小组合作意识、安全意识等方面的培养都有很大的作用，形成了学校德育工作的特色。而这样的德育特色培养贯穿了学校的校本课程和社团。2020 年，学校新开设了校本课程和社团 21 个，学生可选择的校本课程达到了 66 门，年度 4 项区级比赛被评为“优秀组织奖”。

5. D 学校调查分析小结

（1）主要经验。一方面，在一体化管理下，薄弱学校可以直接使用核心校现成的工具、模式和成体系的实践，从而快速实现管理的规范化、标准化和制度化，有效实现管理效率的提升。另一方面，集团大量骨干教师的助力、核心校与薄弱学校教学资源的高度共享和教师之间的自由充分交流，直接提高了薄弱学校的课堂教学质量。教师轮岗的体验及轮岗带来的合理压力，也极大促进了薄弱学校年轻教师的快速成长。

（2）主要问题。虽然 D 学校在改进中实施了扁平化管理及架构调整，但是由于教育集团架构的叠加，D 学校中层干部在访谈中表达了对管理层级过多的不满。“管理结构的改变就是领导多了，需要请示的情况多了。原来可能是自己说了算，比如，我分管一摊，养成了自己作决定的习惯。虽然工作也推进了，但是可能没有像现在这样谨慎。然而现在上面有校区的领导、分部的领导，发一个通知都得经过层层

审批，生怕万一出现什么问题。”（DG2）

五、E 学校的改进与成效

1. E 学校所在教育集团的发展

E 学校所在教育集团的核心校始建于 20 世纪 50 年代，是一所较早兼收中外学生的完全学校之一。该校于 2017 年全面开启集团化办学模式，到目前形成一校 19 址的教育集团。

2. E 学校发展的基本情况

E 学校的校名是加入该教育集团后更名而来的。2022 年，E 学校所在的校区有班级 14 个、学生超过 400 人，教师约 30 人。另外，有临聘教师 5 名。全校年龄在 35 岁以下的教师约占 50%。

3. E 学校实施改进的主要措施

在加入集团化办学前，E 学校虽然交通位置非常优越，但由于其硬件设施老旧，运动场地狭小，再加上周边优质学校多，家长不到万不得已不会选择这所学校。加入集团化办学后，为了改变这种现状，学校主要实施了以下改进措施。

（1）以教育集团办学理念完善管理。将教育集团的办学理念、校规校训及制度章程逐步引入并落实到 E 学校的办学及管理中来，进而不断完善并提升学校的运行及管理标准。一方面，通过管理层的不断宣讲，包括书记讲、校长讲，工作布置讲、年底总结讲等，不断引导大家凝聚共识，把思想统一到集团化办学的大理念上来。另一方面，通过党支部会议、干部论坛、教师论坛、家长论坛等丰富的交流载体，引导大家共同讨论，让教师、学生和家长在加入集团化办学上达成共识。

（2）精选干部进驻学校加速改进提升。一方面，教育集团精选人才。首先对 E 学校进行系统评估，初步研判其在管理、教学、教辅等方面的短板或问题，然后精心挑选适合人选担任 E 学校所在校区的主管，加快补足短板。另一方面，在E学校改进中，加大直接派驻力量。将集团校的骨干力量直接派往E学校，包括中层干部、一线教师乃至教辅服务人员，从各个层面、各个岗位实现教育集团工作作风的精准传递，起到了比较直接、更加快速的改进提升作用。

（3）紧密衔接集团教学与教研平台。E学校教师全面参加教育集团的集中教研，充分依靠教育集团资源多、水平高、干劲足等优势，积极争取、主动参与集团的教研课题，参加集体备课、集体培训，开阔眼界、精进业务。同时，在课程改革中，学校紧密衔接集团的实践成果，围绕集团核心校的课程体系，融入、完善并丰富E学校的课程安排，快速实现了提质增效，取得了良好效果。在教学实践中，E学校也保持着与集团学校统一测验、统一判卷、统一改进的一致节奏。

（4）大力丰富学校文化交流与宣传。一方面，在集团内建立手拉手的校际交流文化，与距离相近的校区建立常态化的共建机制，以教师交流、师傅带徒弟的模式，实现教学教研上的帮扶，形成“1+1>2”的效果。另一方面，大大提升对外展示交流能力，充分借助教育集团的宣传平台优势，充分展示校区文化、校园风采，充分利用E学校的特色，组织开展腰鼓、舞龙等特色活动，让社会更加立体、真实、全面地认知学校，大大增强了学校影响力。

（5）实施校园基础配套设施及环境改造。在主管部门的支持下，开展了校园周边环境整治，校区多次联合周边属地政府或行业部门，实施了校园周边公共卫生、公共交通、公共安全的整治、改造与提升，改造了南门道路、安装了减速带、清除了垃圾回收站等，环境风貌大幅改善。同时，进行校内配套设施修缮，解决了校园楼宇漏雨、围栏安全、应急照明等一系列设施陈旧或安全隐患问题。回收了原有楼宇，进行了全面装修改造，扩大了学校的办学空间。清理了学校以前被社区占用的停车空间，改造为校园操场，进行了全新铺装与升级，大大优化了办校条件。对校园操场周边进行了环境美化绿化，补种了相关植被，整体改造了校内花园，增种了四季花卉。

4. E 学校改进措施实施后的成效反馈

（1）集团统领下保留特色。在 E 学校的教育改革探索中，虽然实施了集团化办学的模式，但仍然保留自己的特色。一方面，体现在校区的命名上，同时在办学中也突出了特色内容；另一方面，充分借助特色的定位与优势，争取到了主管部门更多的政策倾斜与支持，形成了集团校资源与主管部门资源的合力加持。

（2）生源问题得到大幅缓解。在教育集团品牌影响力的带动下，周边居民、学生家长等对 E 学校的认可度大大增加。同时，充分利用教育集团宣传平台，组织开展特色节庆活动等，社会曝光度、知名度大幅提升。周边居民更加全面、客观、清晰地了解 E 学校后，更愿意让子女来校上学。学生整体规模，由 2014 年 12 个教学班的 200 多名学生，达到 2023 年 14 个教学班的 400 多名学生。

（3）校区硬件环境全面改善。在主管部门的政策支持与倾斜下，大幅改善了学校办公、教学的硬件环境，对学校整体改进起到了关键作用。一方面，借助上位政策与资金支持，拆除了学校旁边的原批发打包站，回收旧有楼宇，实施了空间改造及装修，扩充了专业教学楼；另一方面，通过主管部门协调支持，收回社区停车场，学校操场面积增加了一倍，大大完善了校区功能。E 学校硬件环境得以大幅改善及提升，为教学整体质量提升打下了坚实基础。

5. E 学校调查分析小结

（1）主要经验。一方面，主管部门的政策倾斜与资金支持，极大促进了薄弱学校改进提升的速度与成功率。E 学校办学基础条件本身存在着极大的短板，办公空间及教学操场都很狭小，加入集团化办学后，主管部门在资金、硬件及政策方面的支持，使 E 学校得以较快实现由薄弱学校向特色校的转变。另一方面，E 学校特色的保留与强化，带来与教育集团资源引入的相互成就。教育集团以自身实践的成功模式，提升了 E 学校的办学水平，E 学校借助教育集团的优势，强化了自身在教学、展示等方面的特色，又给教育集团更多的加持，双方形成了相互成就、相互促进的模式。

（2）主要问题。E学校所在校区为非独立法人，在管理上加大了核心校在教育教学各个方面平衡的难度。特别是在刚加入集团化办学前期，E学校与核心校在办学条件和生源方面的较大差异，给核心校一方作为法人来进行统一管理增加了难度。

六、跨案例分析

通过对五所样本校的案例分析，了解了五所样本校在实现改进中各自的特点和做法。接下来把五所学校放在一起分析，探讨薄弱学校依托集团化办学实现改进中面临的一些共性问题。

（一）集团层级面对的共性问题

1. 集团化办学需要处理好规模与质量的关系

从资源利用来看，以集团化办学改进薄弱学校，是指将一所或者几所核心校与一所或者多所薄弱学校组成集团，并共享管理、师资等教育资源的一种办学模式。在样本校的案例中，所有教育集团都或多或少地与薄弱学校共享或向薄弱学校再分配教育资源。具体表现为：C学校和D学校所在教育集团的核心校共享了名校校长的管理资源和优质教师团队的教研资源，由名校校长直接兼任薄弱学校校长，实现了集团内的一体化管理；A学校所在教育集团的核心校重点共享办学理念和管理制度等资源。但问题是，这些资源要实现共享，要求教育集团本身具有大量的、优质的教育资源。然而，薄弱学校的加入，虽然可以带来教育资源的扩充，但薄弱学校并非优质的教育资源，不具备直接与核心校共享的条件。因此，以集团化办学改进薄弱学校，首先面临的共性问题就是教育集团优质教育资源的“稀释问题”①，这就要

①“稀释问题”指的是教育资源总量增加了，但优质教育资源的浓度相对降低了。

求教育集团要处理好规模与质量的关系，需要教育集团自身率先具备一定规模的、优质的教育资源，例如管理团队、教研队伍和完善的制度等资源，然后再开展吸纳薄弱学校并对其实施改进提升的工作。

2. 集团化办学需要处理好多层与高效的关系

学校是受教育主管部门指导行使教育管理的具体机构，一般由主管部门委托校长及管理团队直接管理运行；而教育集团，是在政府与学校之间增加了一层集团化管理的组织结构；而且，在教育集团与主管部门间、教育集团与成员校间、成员校与成员校间，均尚未出台正式的文件对各方权责进行划分或者明确相关的管理规定。在此背景下，将薄弱学校纳入集团化办学实施改进，意味着将原来相对独立的管理组织，嵌入了一个相对复杂、多层的教育集团组织中，其管理层级、指令路径、权责分工等都会变得相对复杂。在样本校案例中，一方面，各个学校的中层管理者都没有统一的任命模式，导致管理模式、权责分工和授权体系不一致，一人多岗、一人多校现象普遍存在，尤其在薄弱学校与核心校形成的紧密关系模式中这个问题更突出。例如，C学校的校区教学主管，也牵头集团的教学工作；D学校的中层干部既在本部任职也同时在校区担任职务。另一方面，部分学校的管理干部普遍反映，原来可以自己决策、部门决策的事项越来越少了，需要层层上报决策的事项越来越多，管理的层级大大增加，管理决策的效率不及从前。

3. 集团化办学需要处理好统一与特色的关系

从可持续发展来看，薄弱学校在加入集团化办学后要实现自身的改进，既需要在理念、制度、文化等方面向核心校看齐，不断融入集团，以实现自身教育资源的优化并获得社会的认可；同时又需要持续适应自身在校舍载体、发展定位、生源条件和教师队伍等方面的客观限制，以实现可匹配的特色化运行。但是，一方面，集团化办学需要融合不同学校的文化背景和办学特色，难免会遇到文化融合不顺畅、特色凸显不足等问题。在样本校的案例中，由于生源质量、教师水平等客观条件的差异，A 学校和 B 学校在教学理念、师资队伍、课程设置等方面很难完全实现与集团核心校在教研、备课，乃至课程设置上的统一。另一方面，集团化办学可能导致薄弱学校办学特色的淡化，“千校一面”的趋同发展有可能发生。在追求社会认可的过程中，通过模仿性同构、管理人员的趋同和管理规则的规范化，薄弱学校与核心校不断趋同，薄弱学校原有的教育特色、品牌形象等可能会被淡化或忽视，从而难以保持自己独特的办学特色，这对学校长期发展可能会带来不利影响。在样本校案例中，E 学校由于保留了其独特文化属性，在基础质量实现快速提升的同时，不断强化原有的特色组织文化，从而实现了更全面、可持续的发展。

因此，在集团层面，要想实现薄弱学校的持续高效改进，集团本身要先具备一定的规模和优质的资源，避免资源“稀释问题”，从而确保在规模和质量间实现平衡。此外，集团化办学意味着在学校原有的组织结构层级基础上多了一层，由此增加的审批程序会影响工作的效率，如何平衡好层级增多与工作高效之间的关系也是薄弱学校共同面对的问题。另外，薄弱学校不断使用和借鉴核心校的文化符号和制度机制，文化方面不断趋同，因此也要处理好与核心校文化不断趋同和保持自身特色发展之间的关系。

（二）校际层级面对的共性问题

1. 权责界定影响薄弱学校与核心校提升教育质量的各自定位

教育集团办学品质的提升，取决于教育集团内的每个学校、每位管理者，以及全体教职工。教育集团教育质量一旦得到改进提升，教育集团内各个学校、每名教师和学生，不论是否对学校改进提升作过具体贡献，都能够享受改进提升带来的成果收益。由此，集团成员校普遍存在“搭便车”心态。一方面，对于薄弱学校来说，由于自身缺乏独立改进提升的能力，加入集团化办学又是政府强制推进而非自愿选择的，他们会将教育质量改进提升的责任理所当然地推向核心校，要求核心校通过共享先进理念，帮助教师拓展视野、提升专业水平，补足自身短板，实现育人质量提升，从而摆脱薄弱学校的帽子。另一方面，核心校也认为集团化办学是政府强制推进而并非自愿选择的，所以并不情愿承担薄弱学校改进的责任。同时，核心校已经通过先进管理经验的实践、全体教职工的努力，实现了高质量的管理，形成了自己的声誉与品质，然而，对薄弱学校的帮扶——无论是对教师的指导，还是为学生搭建平台——肯定要稀释既有的优质教育资源和时间、精力，其结果也并不能直接提升或进一步强化核心校自身优势。因此，从主管部门来说，在集团化办学之初，就要界定好核心校与薄弱学校各自的权责，并将其纳入对学校的考核评价体系。这样，薄弱学校在寻求核心校支持时才有据可依，核心校帮扶薄弱学校时才会有积极性和主动性。总的来看，薄弱学校实现改进提升，应主要靠自身学习和主动争取教育集团的优质资源来实现。在样本校案例中，A 学校和 B 学校的改进提升进度缓慢，这与两校表现出的消极等待教育集团优质资源帮扶的心态有一定关系。

2. 成本效益影响薄弱学校与核心校参与集体行动的意愿

教育集团的核心校与薄弱学校都会在投资与收益方面进行衡量，在反复衡量下作出理性决策。在样本校案例中，部分薄弱学校认为，自身在学校环境、生源条件、管理制度和教师队伍等各方面普遍能力不足，且在教育改进方面没有可投入的教育资源，在无外力帮助下难以独立实现教育质量提升的任务。因此，在薄弱学校加入教育集团后，大多表现为继续走老路，消极等待教育集团或核心校的帮扶。另一方面，核心校在扩张为教育集团后，既要注重自身教育质量的稳固与提升，又要注重新纳入薄弱学校的教育质量改进，双重任务压力下，必然会造成对核心校优质资源的稀释，包括管理层的精力、教研组的资源、优秀教师的时间。每个个体在兼顾这双重任务中，都会基于自己的投入产出效益来决定更侧重核心校任务，还是薄弱学校任务。由此，双方在共同实施薄弱学校改进中，任意一方只要感觉不能获得预期的投入回报，其积极性就会大幅减弱，薄弱学校会退回到消极等待状态，从而进一步导致在集体行动上意愿减弱，最终造成改进效果大打折扣。

3. 边界意识影响薄弱学校与核心校融合协作的深度

从现状来看，加入集团化办学的各个成员校基本上都是独立法人，彼此间天然存在组织的边界，特别对于一些在特定历史时期、发展区位、政策扶持等因素下诞生的学校（不论是普通校、核心校，还是薄弱学校)，且各个学校之间不仅存在着物理边界、行政边界，更存在着政策倾斜不同、社会影响力不同下的社会边界、心理边界。从物理层面看，各个学校大多有着呈现其历史文化特色的校门、校舍、图书馆等特征性建筑，有着反映其办学理念的校旗、校徽、色彩等标志性符号。从社会层面看，各个学校的升学率、教师水平、教学质量等在外部社会中的评价存在差异，各个学校的组织架构、管理机构、激励机制等在内部的评价也各不相同。从心理层面看，各个学校由于区位环境、发展环境、制度环境、人文环境等不同，认知范式与行为方式也不同，普遍存在对学校的强烈认同感甚至排外心理。由此，要形成核心校与薄弱学校的共享、帮扶，普遍面临着组织边界隔离的问题，无论哪种文化与制度，都已经形成了对自己学校的边界约束，并逐渐重塑了其教职工、学生的价值观、教育观和知识观等。在样本校案例中，A 学校和 B 学校等生源较弱、教师能力有限的校区，在集体教研、集体备课中，纷纷反映难以跟上核心校的进度，在学校运行、校务组织中，更倾向于简单的重复工作，对于校内各种活动、社团等新事务、新形式，保持着更加审慎的心态。

因此，在薄弱学校改进过程中，主管部门对薄弱学校与核心校的权责界定、二者在改进过程中的成本投入和回报预期，以及二者长久发展起来的各自物理的、心理的和文化的边界，都对薄弱学校的改进产生影响，是薄弱学校在校际层面面临的共同问题。

（三）薄弱学校层级面对的共性问题

1. 客观条件先天不足

在区位方面，薄弱学校大多地处发展阶段靠后地区。例如，B学校地处城乡结合地区，区域发展资源不足，经济欠发达，文化相对落后，城镇化程度较低，人口不稳定性较大。在生源方面，相比发达地区明显落后。一方面，生源规模有限，处于临界或萎缩状态；另一方面，生源家庭背景差异大，导致家庭对教育的重视程度或投入精力存在差异。在校园硬件方面，受学校成绩及教育水平影响，学校缺少良好的持续性投入，在校舍、设备、器材、环境等方面，与名校差距逐步扩大。在教师队伍方面，由于学校影响力有限，一是在招募优秀年轻教师方面不具备任何优势，各大高校的毕业生对到薄弱学校任教、任职的意愿普遍不高；二是薄弱学校的教学难以出成绩，个人业务、褒奖、职级等反馈系统难以形成良性循环，导致优秀教师流失。

2. 主观能动不足

薄弱学校的学校管理和教育教学效果相对核心校普遍未达到预期。从管理层看，薄弱学校客观存在的薄弱现实，导致学校领导在共同理念、共同目标、共同愿景等方面共识不足，无法实现更长远且更好的规划、设计与统筹；学校领导班子分工协同的效能不高，在计划执行、组织统筹和落地能力等方面担当不足，无法形成合力。从管理制度来看，由于学校自我评价机制欠缺，暴露出的问题无法得到高效且妥善的解决；学校未能实施有效的竞争机制，确保能者上、庸者下；学校在财政、预算、绩效等方面，缺乏有效率或有效益的长远布局；在教职工培训方面投入不足，不能有效提升学校人力资源水平。从教学效果来看，教研组与教师队伍建设均存在欠缺，多数教师热情不高、动力不足，优秀教师离职情况相对较多，导致学校育人质量不尽如人意。在样本校案例中，A学校和B学校均未在管理制度、管理层和教师交流等层面与核心校形成良好且紧密的沟通，从而导致在加入集团化办学后，仍未实现明显的改进提升。

3. 外部支持缺失

受现行办学体制机制的惯性影响与限制，更多的教育试点政策、教育资金支持更倾向于优质校、核心校，这些学校获得上位政策支持与倾斜的优先级更高；相对而言，薄弱学校的落后则是投入持续下行累积而成的，主管部门一两次的投入或小政策支持，很难实现根本改进，也很难短期内收获投入后的效果。由此，也就陷入了办校越好，越能得到支持，办校越差，越难得到资源的循环怪圈。薄弱学校状态一旦形成，将面临循环下行的困境。在样本校案例中，E 学校的上位政策与资金支持，极大解决了学校办公空间及办学配套设施的问题，推动了改进进程；与之相比，B 学校在生源、编制、工资、配置等方面持续存在教育集团无法化解的硬性问题，大大影响了该校改进与提升的成效。

由此可以看出，对于薄弱学校本身来说，也面临本身硬件环境差、生源弱、教师改进的意愿和主动性不强，以及主管部门政策支持长时间缺失等共性问题。

总之，通过对五所薄弱学校的案例分析和跨案例分析发现：在初始条件上，从教育集团、校际、薄弱学校自身三个层级来看，五所样本校面临着共同问题，同时也存在着发展阶段、地理距离、校园环境等基础条件的不同；加入集团化办学后，五所样本校在实现改进的过程中采取了不同措施，但也面临着不同的问题。正是这些不同，带来了薄弱学校改进效果的差异，也必将影响薄弱学校的持续改进。

第四章　集团化办学背景下的薄弱学校改进分析

本章以五所学校为样本，结合案例中的措施、成效和数据，利用组织重构理论与组织同构理论，探索分析加入集团化办学后，薄弱学校发生的变化、实现改进的机制、改进中存在的共性问题和影响改进的要素。由于薄弱学校在加入集团化办学前后，没有其他的客观因素变化，因此，本文认为，薄弱学校发生变化主要是集团化办学带来的。对于薄弱学校发生的变化，将以组织重构理论为分析框架，从组织结构、人力资源、权力配置和组织文化四个视角展开分析。对于薄弱学校实现改进的机制，将以组织同构理论为分析框架，从强制性同构、模仿性同构和规范性同构三个方面展开分析。通过以上分析，找到薄弱学校改进中存在的共性问题，梳理影响薄弱学校改进的要素。依托理论分析，实现从样本校的个案分析到发现一般规律，为薄弱学校依托集团化办学实现改进，找到规律性的策略与方法，为后续的薄弱学校改进提供路径参考。

一、组织重构：透视薄弱学校发生的变化

（一）组织重构理论

本书将重点运用鲍曼和迪尔的组织重构理论来分析集团化办学背

景下的薄弱学校改进。组织重构理论，也叫“组织重构四维模型”，是一种系统的方法论，其核心的观点是，在组织重构时，应该同时从组织结构、人力资源、权力配置和组织文化这四个视角全面系统地去认识一个组织，确保对组织认识的全面性和指导组织重构实践的有效性。

1. 组织重构理论的主要内容

集团化办学模式在推进中，模糊了学校与学校之间的边界，改变了学校原有的组织结构。所以，集团化办学从本质上来说，既是每个学校组织[①]内部结构、模式和文化等的重建，也是学校组织间关系的重构，用组织重构相关理论来分析集团化办学，能更全面、系统地认识集团化办学，也能更有效地指导实践。

（1）组织结构视角。组织结构，指根据不同的标准将人们分配到影响不同社会角色之间关系的社会岗位上。[②] 霍尔指出，组织结构能发挥出三大功能：一是结构能促进组织目标的实现；二是结构能让组织免受个人差异的影响；三是结构能在权力的支撑下作出决策、进行组织活动。[③] 组织结构的核心是分工和协作两个问题，即如何分配工作和如何协调岗位与部门之间的关系。分工主要通过职责划分来实现。对于协作，主要有纵向协作，也就是科层制管理；也有横向协作，主要通过会议、委员会、协调岗位和网络结构来实现。一个组织究竟采取什么样的结构是由其规模、成立时间、核心流程、环境、战略与目标、信息技术、劳动力等特征综合起来决定的。[④]

（2）人力资源视角。鲍曼和迪尔认为，人力资源视角的中心问题是组织的特性与人的特性对它们之间相互关系的影响，其重点是人的

---

① 这里的学校也包含了加入集团化办学的薄弱学校。

② P. M. Blau, *On the Nature of Organization*, New York: John Wiley&Sons, 1974, pp. 15-22.

③ 霍尔著，刘五一、沈勇译：《组织：结构、过程及结果》，上海：上海财经大学出版社，2003年版，第32—35页。

④ 李·G. 鲍曼、特伦斯·E. 迪尔著，桑强等译：《组织重构——艺术、选择及领导》，北京：高等教育出版社，2008年版。

需求与组织的利益之间如何进行协调。组织当然是希望构建一支有才干的、有积极性的并且能够尽力而为的员工队伍。一个组织要想实现可持续发展，必须做好人力资源管理。而提升人力资源管理水平，除了提高员工薪资待遇、获得感和安全感，优化员工内部晋升和培训制度等策略以外，还需要关注组织中人与人之间的关系，这种关系对于个体的满意度和组织的有效性也具有非常重要的意义。个体的社交技能，是在工作中形成良好人际关系的重要因素，所以组织要对个人在组织中处理人际关系的技能进行培训。此外，还要关注每个人在团队中的非正式角色，以及由此形成的团队的非正式规范和可能导致的人际关系的冲突。组织结构强调的是个体在组织中的正式角色，人力资源强调的是个体在组织中的非正式角色。任何团队都有一系列非正式的规则在指引团队成员如何完成手头的任务，最终这些规则就成了一种习惯，它会被视为一种约定俗成的社会现实，为大家所接受。因此，团队建设的重点之一要考虑团队成员在团队中的非正式角色。

（3）权力配置视角。在鲍曼和迪尔的理论中，他们把这个视角称为“组织权术视角”。他们认为，组织权术视角中的权术与我们日常生活中所说的权术含义是不一样的。从权术的视角来看，权术是在资源稀缺、利益不同的背景下，制定决策和分配资源的一种现实的过程。权术关系在组织生活中是普遍存在的，不应从自私、短视或能力不足等个体特征的视角来指责权术行为。权术的视角有一个基本的前提，即在资源稀缺和多元化利益的共同作用下，组织必然会产生冲突。权术视角的焦点不在于如何解决冲突，而在于制定战略和策略。组织既是权术斗争的舞台，也是权术活动的活跃参与者或者表演者。作为权术斗争的舞台，组织应当承担的一项重要责任就是制定游戏规则。从权术的视角看，因为组织是一种联合体，所以不同的参与者拥有不同的利益和偏好，关键的问题不在于应当如何进行组织设计，以实现效率最大化，而在于组织将服务于谁的利益和偏好。对学生有利的组织设计有可能对管理者不利，对消费者有利的行为可能对股东不利，对组织的评价取决于评价者的偏好和立场。[①] 因此，权术视角把组织当成一种重要工具，利用这种工具，组织控制者能实现自身预设的目标。根据鲍曼和迪尔的这一理论本意，结合我国在这方面的习惯用法，笔者把这一视角调整为"权力配置视角"，表达的意思依然是鲍曼和迪尔的组织权术视角的内容，但更贴合国内的习惯用法。

（4）组织文化视角。什么是组织文化？沙因认为，一个群体为解决外部适应和内部融合问题时学习到了一系列共享的基本假定所构成的模式，这种模式运行得很好，以至于被认为是有效的，因此就被作为观察、思考、感受这些问题的正确方法，教授给新成员。迪尔和肯尼迪认为，文化是我们做各种事情的方法。鲍曼和迪尔认为，文化是围绕共同的价值观和信仰来提高组织凝聚力和团结员工的联合体。文化既是一个产品又是一个过程。任何组织都有自己的文化，神话、价值观、愿景、英雄人物和故事等都是组织文化的呈现形式。现在越来越多组织意识到，灵魂和精神等文化元素是高绩效的源泉，是组织建设的重点。

2. 组织重构理论的选择依据

组织重构是笔者用于分析集团化办学背景下薄弱学校改进的重要理论工具。对于集团化办学，学者运用了多种理论进行分析。从国内来看，社会冲突理论、协同理论、社会治理理论、教育治理理论、关系主义方法论和教育公平理论等经常被用到。从国际上来看，建构主义组织理论、社会资本理论、"新社会运动"理论和涂氏网络理论也都有用到。[②] 对于薄弱学校改进，学者也用教育公平理论、结构主义、文化主义和组织战略等理论进行分析。但是这些理论往往只能对集团化办学或者薄弱学校改进的某一个方面进行重点分析，目前还没有一个

---

① J. Peffer, *Organizational Design*, New York: AHM Publishing Corporation, 1978.

② 张爽：《关系主义方法论视角下基础教育集团化办学评估》，载《教育研究》，2021 年第 42 卷第 9 期，第 70—80 页；D. Muijs, M. West and M. Ainscow, "Why Network? Theoretical Perspectives on Networking", *School Effectiveness and School Improvement*, Vol. 21, No. 1, 2010, pp. 5-26。

理论能够对集团化办学背景下薄弱学校改进涉及的各方面进行分析。学者对运用哪个理论能对集团化办学背景下薄弱学校改进开展最全面、最佳分析也没有达成共识。笔者通过研究文献，结合理论学习以及在加入集团化办学的薄弱学校一线的实践经验，认为，组织重构理论能比较全面地分析加入集团化办学的薄弱学校改进情况，因此选择组织重构理论作为分析薄弱学校改进的理论工具。

从目前的文献搜索来看，无论用“组织重构”，还是“组织重构理论”为主题词，得出的结果都显示国内目前还没有学者用组织重构理论来分析组织。绝大部分学者研究组织重构相关问题时，不是将其看作理论工具，而是将其认定为实践动作。国外学者把组织重构作为理论工具对组织特别是组织变革进行分析的，相对较多，涉及的组织类型也比较丰富。

凯尔森（Kelsen）在研究学校校长如何通过改进校长领导力、指导教师提升学生学业成绩时，使用了鲍曼和迪尔的组织重构四维模型来分析和研究哪些类型的校长与教职工的指导关系影响了学校校长的成功和学生学业成绩的提升。① 庞塞（Ponce）在研究指导学区领导和他们的管理团队改进领导力时，运用组织重构四维模型作为分析工具来分析和建构了可持续的领导力变革行为框架。② 博尔曼（Bolman）和加洛斯（Gallos）在《重构学术领导力》一书中，运用鲍曼和迪尔的组织重构四维模型理论来分析高等教育的领导者在重构学术领导力时所面临的挑战和机会。他们通过研究认为，运用组织重构四维模型能够让高等教育的领导者更清晰、更全面地意识到如何通过建立共同愿

---

① V. E. Kelsen, “School Principals, Leadership Coaches, and Student Achievement: Enhancing Self - Efficacy Through the Coaching Relationship”, https://eric. ed. gov/? id = ED528032.

② J. J. Ponce, “The Initial and Sustaining Leadership Actions Taken by the Transformational Leadership Group in the Development of the Dallas Achieves! Transformational Theory of Action Framework”, https://repositories. lib. utexas. edu/items/3ae02043 - 15a3 - 4a2f - bda2 - cd8153a92b2d.

景、有效激发员工积极性、做好社区服务和形成合作联盟等方法和策略来实现学术领导力重构。[①] 惠特米尔（Whitmyer）在研究学校教研组的改进时，使用了鲍曼和迪尔的组织重构四维模型。他在研究中陈述了在当时的情况下，科学教师面临来自主管部门要求提升学生科学学业成绩的压力，改进科学教研组面临重重挑战。而组织重构四维模型的运用，有效帮助教师看清楚了挑战出现的背后因素，使他们能够采取积极措施应对变革。[②] 由此可见，学者倾向于在研究涉及领导力和组织变革时，使用组织重构四维模型。

霍奇曼（Hodgman）在分析桌面虚拟化系统在学校推广使用时面临的问题，以及使用后对学校带来的变化时，使用了鲍曼和迪尔的组织重构四维模型。[③] 桌面虚拟化系统进学校是一件新生事物，要顺利推进，必须打破原有的学校结构。然而，从什么地方下手，如何变，如何推进，看似非常复杂，需要有一个理论能从各个层面来进行分析，而鲍曼和迪尔的组织重构四维模型正好提供了一个全方位的视角来帮助看清楚这一新生事物。达利赫（Dalieh）在研究小学的大班额对学生学业成绩的影响时，也运用了鲍曼和迪尔的组织重构理论，分析了学校各参与主体对小学大班额的看法、小学大班额对学生学业成绩的影响、小学大班额给学校带来的机遇，以及如何减少小学的大班额。[④] 小学大班额的问题涉及各个诉求不一样的利益主体，鲍曼和迪尔的理论在分析这样的多主体事物时，理论指导实践的灵活性优势就彰显出来。扎伊尔（Zai）在分析高等教育中的通识教育课程的重构时，也采用了

① L. G. Bolman and J. V. Gallos, *Reframing Academic Leadership*, Indiana: Jossey-Bass, 2011.

② C. P. Whitmyer, "A Bolman and Deal Framework of Science Teachers' Beliefs on Teacher Preparation and Reform Practices for Diverse Learners", https://ui. adsabs. harvard. edu/abs/2016PhDT. . . . . . . 194W/abstract.

③ M. R. Hodgman, "Desktop Virtualization: Applications and Considerations", *Contemporary Issues in Education Research*, Vol. 6, No. 1, 2013, pp. 123-132.

④ F. T. Dalieh, "Liberian Educational Stakeholders' Perceptions of Overcrowding in an Urban Public Elementary School in Monrovia", https://scholarworks. waldenu. edu/cgi/viewcontent. cgi?article=5313&context=dissertations.

鲍曼和迪尔的组织重构四维模型。① 在分析像通识教育这种覆盖面广、涉及学科多、各利益主体诉求不一样的事物时，鲍曼和迪尔的组织重构四维模型能够用一个理论，从多个层面进行分析和阐释，且在分析指导上具有非常好的灵活性和适应性，是一个非常好的分析复杂事物的理论模型。由此可见，在分析涉及多主体且各利益主体诉求不完全一致的事物、有挑战的事件和复杂的事物时，鲍曼和迪尔的组织重构四维模型被运用得较多且得到了使用者的推崇。

综上所述，学者使用鲍曼和迪尔的组织重构四维模型时，运用的领域比较广泛。特别是在涉及领导力、组织变革、多主体且各利益主体诉求不一致的复杂事物时，组织重构理论是一个很好的分析工具。这也是笔者选择以该理论为基础，分析集团化办学背景下薄弱学校改进的主要原因。

在本书中，笔者以组织重构理论作为理论框架分析加入集团化办学后，薄弱学校发生了哪些变化。具体来说，将从组织重构理论的四个视角，分析薄弱学校在组织结构、人力资源、权力配置和组织文化四个方面发生的变化，并依据组织重构理论的这四个方面有针对性地提出建议。

（二）组织重构理论分析

1. 从组织结构视角看

组织结构的核心是两个问题，即分工和协作，也就是如何分配工作和如何协调岗位与部门之间的关系。分工主要通过职责划分来实现。协作分为纵向协作和横向协作：纵向协作也就是科层制管理；横向协作主要通过会议、委员会、协调岗位和网络结构来实现。因此，从结构的视角来看，分析薄弱学校发生的变化，重点就是分析加入集团化

---

① R. Zai, "Reframing General Education", *The Journal of General Education*, Vol. 64, No. 3, 2015, pp. 196-217.

办学后，薄弱学校的岗位分工和协作关系是否发生了变化、发生了哪些变化。从分工的角度看，就是要看薄弱学校各个岗位、各岗位人员职责，特别是管理者的职责是否有变化、有哪些变化。从协作的角度看，既要看纵向协作的上下级之间的管理层级是否有变化，也要看横向协作的会议、协调岗位和网络结构是否有变化。把纵横的变化综合起来，便能分析出薄弱学校在组织结构方面发生的变化。

（1）学校管理模式发生的变化。管理模式，主要是指薄弱学校与集团核心校之间的关系。钟秉林认为，基础教育集团化办学一般有三种关系类型：一是集团总校校长负责制。所有成员校都不是独立法人，总校统一分配人、财、物等资源，结构更加紧凑。二是名校校长领衔制。法律赋予所有成员校以独立法人资格，在人、财、物等资源使用方面享有自主权，结构较为松散。三是同时兼具上述两种教育集团特征的复合型（或者称为“中间型”）。[①] 对薄弱学校来说，集团的管理模式直接影响了薄弱学校的结构。K 区的集团化办学，主要是核心校办分校的模式，从分校与核心校资源依赖程度、目标共享程度和结合的紧密程度来看，三种管理模式——紧密型、松散型和中间型都有，但是与文献中提到的具体情况略有差异。C 学校与该集团核心校，由同一校长兼任两所学校的法人，实施一体化管理。这样的管理结构，人、财、物可以统一调配，因此无论是资源依赖程度还是目标共享程度，抑或结合的紧密程度都非常高，从实践来看属于紧密型。A 学校和 B 学校是独立法人，与集团核心校的法人不一样，从访谈的反映和实际工作的推进来看，结合的紧密程度相对较低，属于松散型。D 学校介于紧密型和松散型之间，属于中间型，D 学校与集团核心校由同一校长兼任法人，跟 C 学校相似；但是目前的管理基本上还是分开的状态，还没有实现像 C 学校一样的一体化管理。D 学校与核心校结合的紧密度也不及 C 学校，管理结构的很多方面与 B 学校也比较类似，

---

① 钟秉林：《关于基础教育集团化办学的若干思考》，载《中国教育学刊》，2017 年第 12 期，第 3 页。

因此，界定为中间型。

第一，松散型模式下，薄弱学校组织结构变化小。松散型模式下的薄弱学校基本上是独立法人，而且与核心校的校长不是同一人，所以组织结构方面基本沿用了过去的组织结构，变化不大。无论是对核心校和薄弱学校校长的访谈，还是对中层干部、教师的访谈，都能印证这一点。对于核心校来说，虽然组织结构上基本没有变化，但核心校由于负责牵头集团的相关工作，一般会在集团的组织结构方面有设计。有的是设置专门负责集团化办学的部门，“集团有一个专门的部门来负责整个的集团化办学”（M1）。有的是调整人员分工，设置专人负责与薄弱学校的对接，“集团有专人负责集团的教师培训、课程建设和交流轮岗等方面，该负责人一般由副校长担任”（M2）。相应的，薄弱学校大的组织结构虽然没有变化，但是也一般采用调整干部职责分工的方式，让相关干部分别负责与集团相关工作的沟通和协调。A 学校采取的是增加干部工作职责的方式。“实际上这由一个人来进行负责和协调。比如我们副校长，他除了承担以前副校长的工作，还跟那边（核心校）专门去进行相关工作的对接。包括中考报名、体检、租车等。还有一个就是三个轮岗老师派出去之后，我们指派了校长办公室的主任，以及工会主席，专门对这三个老师进行关心关爱。主动与他们进行谈心谈话，了解他们有哪些困难，以及工资待遇如何等。”而 B 学校则采取的是所有与集团相关的工作由一个人负责对接的方式。“这块儿（集团化办学）我们是有专人负责，校长指派我负责与总校那边沟通协调。比如在开学前还有期末这两个时间段，我就要看集团那边怎么安排，我们怎么去融入，哪些能够一块儿进行；包括负责轮岗派过去的老师的管理——他们的考勤、工作量，还有参加总校活动的学生的管理，我也是负责人。凡是涉及与总校的沟通协调都由我来负责。”

第二，紧密型模式下，薄弱学校组织结构变化非常大。在紧密型模式下，薄弱学校与核心校实行一体化管理，所以薄弱学校的组织结构变化非常大。本书的五所样本校中，C 学校与核心校之间的关系是典型的紧密型。实行的是一套班子、一体化管理。“我们一开始实施的是整分矩阵式管理架构，这是一个立体结构，有从上到下，也有从前到后和从左到右，实际上它涉及了各个层面。‘整’的第一个层面是指一个法人校长，她一个人把两个分校串起来了，这是一个比较特殊的组织设计。‘整’的第二个层面是指在每一个校区，集团校校长、书记和校区校长三人小组构成校区核心管理团队；‘整’的第三个层面是指五个校区教育、教学和后勤服务等方面的统一管理。”（H3）关于一体化管理，校长是这样描述的：“两所学校五个校区是统抓的，由一套班子统抓统管。虽然两所学校是独立法人，但是这五个校区一个校长、一个书记、一套班子，所有的干部，不管是负责教育的，还是教学的，均统一管理。‘统一’的概念，比如，假设他本来是这边的教研组长，同时他也做分校的教研组长，他抓的是大教研组。比如初一语文，我们有一个大备课组长，大家是一起备课的，这种打通，这个力度非常大。年级也是同样的，比如，初一一共 14 个班，我们有一个大的年级组长就是这边的，然后分校设一小年级组长，等于一个副组长。包括每个校区的校长，他都抓着，两边的，两所学校的，只要在他那个校区，他全抓着。这就是一套班子、一体化管理。”（M3）可以看出，在紧密型模式下，C 学校原有的组织架构，包括干部分工、职责范围和各种制度机制都被打破。

第三，中间型模式介于松散型和紧密型之间。从本书的样本来看，D 学校当前阶段就属于中间型。它和核心校由同一校长兼任法人，这就为后续的逐步统一管理打下了基础。但是由于历史原因，目前该校无论在中层干部层面还是教育教学具体实施的环节，基本上还是原来的组织结构。“目前的干部都没有变，就是校长变了，他相当于是兼任我们学校的校长。其他的干部都没有变，管理结构还按照原来的。教研组、备课组的人员在过去的基础上有些调整，但是教研组组长、备课组组长的工作都没有变化，也没有新的要求，包括年级主任，之前我们也一直是干部兼着，只不过到这边来后，年级主任虽然还算行政干部，但是主要的精力放在年级，也就是参加行政会，其他没有变化。”（DG2）在中间型模式下，集团在校区层面，对薄弱学校也有一定的管理。例如，D 学校在校区层面也有一套班子的设置，但是从班子成员具体负责的内容来看，基本上还是核心校的干部负责核心校的管理，D 学校的干部负责 D 学校的管理，还不是实质上的一体化管理。“校区干部有集团的，也有我们的，校区在教育教学和行政上也设了牵头人，但是实际工作推进时，主要还是各自负责各自的，可能还是开始阶段吧。目前来看，我们基本上还是各干各的，顶多有时候商量一下怎么干，商量完了，具体管理上还是各干各的。比如，我可能跟那边商量期末考试的安排，但是具体如何安排监考和协调使用老师等，基本上还是各干各的，那边也不会来管我这边，我也不会去管那边，我去那边也是学习，不会去管老师和学生；那边也一样，有事情顶多是通知我，那边有什么安排，让我看情况办，跟部主任商量，一般不会跟我提具体管理要求。”（DA1）

（2）制度机制发生的变化。合适的制度机制，是集团化办学的关键。集团内核心校和薄弱学校之间应该在建立哪些协调制度、如何形成协调机制上发力，真正实现规模化效应，从而带动薄弱学校的发展。从 K 区的集团化办学来看，集团化办学的管理模式不同，薄弱学校在制度机制方面的变化也不一样。

第一，使用核心校制度机制。在样本校中，各个学校普遍使用核心校的章程和规划等宏观制度。“我们在做我们学校章程的时候，主要参考了集团校的章程，特别是一些办学理念、办学目标、育人目标、校风学风，这些我们都可以直接拿过来用，保持跟集团校的一致。还有学校的五年发展规划、五年行动纲要，也是参考集团校的。”（H1）有些学校甚至沿用了核心校的日常管理制度。首先体现在对日常工作的标准和要求方面，一般以核心校的标准来要求薄弱学校教师和学生，以促进薄弱学校的提升。在这种情况下，薄弱学校干部普遍有如下感觉："标准高了。比如我的工作，印象比较深的一点就是年历这个事情。原来我们没有年历时，工作就没有系统性，上面一派活儿下来，就急于应付。但现在按照集团这边的要求做年历，做完发现工作的计划性确实强多了。再比如这个学期有干部月汇报，我既要总结这个月做了什么，还要思考下个月主要的工作，然后各个部门都汇报也就相当于沟通了，避免场地、时间'打架'，包括一开学制定每周升旗仪式的主题，按照这样要求下来，我觉得我自己思考更全面、更有系统了。我们原来不是这样，稍微随意一些。"（DG1）

薄弱学校教师也有同感："工作标准高多了，一开始真不适应。我举个例子，比如早晨早到校，咱们都知道干部、班主任肯定会早到校。但是，你早到什么程度，来了以后干什么，干的这些事情是不是围绕学生一天的学习、生活去开展，这些都相应有要求，不是说来了就行了。再说这工作时长，咱们有一段时间还提'996'，对于我们学校来讲，那就不止这个了，比这个可能还会长，起步大概就在 12 个小时。而且这 12 个小时不是耗着，他早晨来了干什么、这一天的课怎么办、怎么做教研、怎么去辅导学生，都有细的要求。我的每个时间段都排得很细，满满的，所以虽然时间长，但是现在你看大家这一天都很充实，当然确实很辛苦，但是感觉有收获。"（CT2）

第二，保留薄弱学校制度机制。所有样本校或多或少地保留了部分自己的制度机制。松散型学校保留了绝大部分自己的制度机制。"这块儿没有啥变化，我们还是按照原来的考勤、职评、评优评先制度在做，听轮岗的老师说，跟总校还是有很大差别的。我们这边已经使用这么多年了，若突然变了，又没有其他配套的措施，估计难吧。"（AG2）紧密型学校往往保留了涉及教职工切身利益、需要与上级政策相一致的制度机制。C 学校保留了原学校的工资制度，只是在原有的基础上做了微调。D 学校在工资制度、职称评定等方面仍使用原有的制度，这跟学校能得到的上级的工资额度和职称指标等有密切关系。"比如工资制度，现在就不是用的他们的，因为没法用，额度不一样。

所以只能参照一下（核心校的），绝大部分还不能改，没法儿改。”（M4）

（3）内部组织架构的变化。薄弱学校内部结构僵化，是薄弱学校之所以成为薄弱学校的主要原因之一。在加入集团化办学前，薄弱学校一般采用的是科层结构。加入集团化办学后，有的薄弱学校内部结构发生了根本性的改变，有的几乎没有变化。

第一，内部结构发生根本性变化。一些薄弱学校加入教育集团后，受到管理一体化的影响，内部结构，包括人员和职责都会发生根本性变化。以C学校为例，从集团层面就是一体化管理，一套班子，统一管理。“这五个校区由三个小学校区和两个初中校区组成。原来是七年级一个校区，九年级一个校区，都是统一管理。然后今年，因为没有教室，所以我们就变成六年级、七年级一个校区，八年级、九年级一个校区，每个校区一套管理班子，干部两所学校的都有，校区校长只有一个人。教师也是交叉使用的，包括教师教的学生，也是两个学校的都有。”（M3）

在这样的统一管理下，不管是管理者的职责分工，还是具体管理的人员，包括教师和学生，甚至后勤服务的对象，都发生了根本性变化。

第二，内部结构基本没有变化。另一些薄弱学校加入教育集团后内部结构基本没有变化。“学校管理架构没有变化，我们学校是独立法人，跟过去没加入集团化办学一样”（H1）；“我们的干部都没变，岗位职责等也几乎没变”（H2）。但是管理者的职责和职能，也就是管理分工的范围方面发生了变化。这些变化主要是对接集团的相关管理职能。中间型模式下，薄弱学校的内部结构有一定的变化，特别是核心校对薄弱学校的影响在逐步加强，但是没有根本变化。正如一名中层干部说的：“管理方面，现在需要请示的人多了，还要请示校区校长。但是我自己负责的教师、学生和日常的管理方法没有变化，就是校区校长布置了工作，我来落实。面向的人群还是以前这些。”（DG1）

通过分析发现，学者提到的董事会（理事会）领导下的校长负责制，或者集团内执行的“轮值主持制度”等类似结构，[①] 在 K 区的几所样本校还没有出现，在实际工作中，K 区目前也还没有这两类模式。

由此可以看出，加入集团化办学后，薄弱学校与核心校之间形成紧密型、松散型和中间型三种组织管理模式。在紧密型模式下，薄弱学校大量使用核心校制度机制，内部结构发生了根本性变化，组织结构变化大；松散型模式下，薄弱学校部分使用核心校制度机制，内部结构几乎没有变化，组织结构变化小；松散型模式则介于二者之间。

2. 从人力资源视角看

根据鲍曼和迪尔的组织重构理论，从人力资源视角看：设立组织的目的就是要让人的需求得到满足，但人的存在价值却不只是以满足组织需求为主。人与组织之间结成不可分割的联系，互为支撑，如果两者之间能够很好地相互适应，组织中的人满意度高，工作氛围好，组织在发展中就能迸发出生命力；如果两者不能互相适应，则双方均有可能遭到损失，也有可能只是一方受损。在薄弱学校中，无论是教师、学生，还是家长，都存在与薄弱学校不相适应的情况。例如，薄弱学校普遍存在的教师超编带来的课时量不满、薪酬降低、发展空间窄、展示机会少的问题，势必会带来教师的不安全感。同时，薄弱学校由于软硬件资源有限，不能很好满足学生和家长的需求，时间一长，学生和家长都会想方设法地离开薄弱学校。因此，进行组织重构，提升个体在组织中的满意程度，是激发组织活力、保证组织不断发展的重要策略。重构后的组织，一般会强化个体与组织间的联系。

对组织来说，提高员工的收入、增加员工的安全感、优化员工晋升和培训制度，以及让员工共享组织成果，都是常用的强化个体与组织间联系的手段。薄弱学校作为组织的一种，其中的个体既包括教职工，还有学生及家长。因此，薄弱学校加入集团化办学后，也会通过

---

① 贾建国:《强制性制度变迁视角下的基础教育集团化办学分析》,载《教育科学》,2016 年第 3 期,第 69—73 页。

多种方式加强与教职工、学生和家长的联系，这种联系的加强直接体现在薄弱学校人力资源的变化上。

（1）薄弱学校校长的变化。第一，校长人选的变化。加入集团化办学后，薄弱学校一般会调整校长。新任校长的产生一般分为由核心校校长兼任、由核心校向薄弱学校派执行校长和其他情况这三种方式。K 区在集团化办学中，薄弱学校校长的产生主要使用的也是这三种方式。从本书的样本校来看，这三种方式都有。C 学校和 D 学校是核心校校长兼任薄弱学校校长；B 学校和 D 学校在加入集团化办学的第一阶段时都是由核心校向薄弱学校派执行校长；而 A 学校的校长既没有集团的工作经历，之前也没有做过校长，目前也只是这一所学校的校长。

第二，校长办学理念的变化。这种情况主要发生在薄弱学校校长不是核心校校长兼任的情况下。一般而言，集团都会首先从管理者的培训开始，为集团内各学校的校长搭建交流沟通的平台，提供互相了解的机会，提供学习的资源。“一是集团校在每个学期开始都会让所有分校的校长在一起开会。大家畅所欲言，说说集团的思路、想法。二是集团校在每个学期末会安排一次校长之间的交流会。一般是在线上进行，安排三个校长介绍经验。这样大家相当于是增强了对集团的了解，也加强了互相学习、互相借鉴。”（H1）有的集团，甚至从集团层面制定了各分校校长的参会制度，对多长时间开一次会、每次会议的主题都有设计，目的是提升各分校校长的领导力。“比如开会。我们集团的会，一个月一次，是所有校区的校长、书记都参加；一般除了事务性的工作外，集团校校长或者书记有一个主题培训，然后各分校校长轮流就主题进行发言，通过这种形式，加强对集团文化的认同，同时也拓展视野。互相交流中，一些别人的招，你也可以用，对提升校长领导力还是非常管用的。”（M3）这种培训的益处，直接体现在分校校长会借鉴一些集团校的做法。“对学生管理有变化，比如我们跟集团校学，给学生提供了一些那种能够展示自己特长、发挥自己主动性的

活动。比如午间小舞台，我看中午自愿去弹琴的有了，有的孩子还去跟音乐老师咨询关于学钢琴的事情。”（DT3）

第三，校长工作职责内容的变化。薄弱学校加入集团化办学后，与一般普通学校比较起来，最大的不一样就是与集团的沟通和联系。如果学校不加入集团化办学，独立法人的学校是没有这样的工作职责和内容的。在薄弱学校加入集团化办学的前期，校长的工作职责和内容变化最大，其中主要的一项就是跟核心校的沟通和联系。“前期主要是我们校长跟那边校长和领导们去沟通，教师培训、时间安排、学生活动、教师轮岗的相关事项，前期都是校长在沟通，大的调子定了以后，一般再交给我，我去具体落实。中间有时候遇到问题推不动的时候——因为我跟那边一开始也不太熟——也得校长去协调。”（BG1）核心校校长兼任薄弱学校校长的情况下，虽然跟核心校不用多沟通，但是如何整合核心校与薄弱学校，实现一体化的管理，也会带来校长工作职责和内容的变化。“工作肯定多了，一个人干好几个人的活儿，不多拿一分钱的工资（笑）。我去了以后，把这块儿全部给收回来，全部打通，变成一个学校，用一套制度，然后人员都要重新调配。这些得出思路，肯定花时间呀。一开始，在分校用的时间比我在这边用的时间多得多。”（M3）

（2）薄弱学校中层干部的变化。第一，中层干部岗位或职责变化。加入集团化办学后，中层干部的岗位或者职责，或多或少都会有变化。紧密型模式的薄弱学校，干部的岗位和职责变化更大。以 C 学校为例。“从干部队伍方面的变化来看，两所学校实际上打通了。打通的过程不光是简单地把干部都拿过来用。有的就是原来不适合，比如他不适合做校区教学干部，但不代表他不适合做其他职务。实际上我们干部队伍的融合就是找到每个干部最适合的点，你适合干什么，就给你提供这个平台，让你去做这份工作。这样每位干部实际上的工作内容变了，从它作用发挥的效果来讲，一下子提升了。”（H3）松散型的薄弱学校中层干部，也因为要与核心校对接教师轮岗，或者学生参加集团游学活动的问题，工作岗位基本没变，但是工作的内容和范围有变化。

第二，中层干部领导力的变化。中层干部参与集团的交流研讨后，学到了核心校工作细致、反馈及时等良好的管理措施。“他们的规划制定得特别细，而且反馈也很及时。包括一些工作上的细节很到位。”（BG2）并通过学习，不断完善自己学校的相关制度。“理念上有更新，我们通过与本部（核心校）进行干部之间的交流，包括计划的交流、总结的交流、平时工作方面的交流等，确实学到很多东西。一些制度上的交流很有实践性，可操作，而不是停留在纸上。我们这也不断地借鉴完善，不断地在进步。”（BG1）交流学习的过程，实际上也提升了干部系统思考、全面思考等领导力。“现在接触的范围多了，考虑一些东西照顾的面就会大一点儿，更加周全。”（DT2）这些学到的管理策略和提升的管理能力，能在实践中见到实效，也让薄弱学校的中层干部更自信。“最大的变化还是在管理这方面积累了一些经验。原来参加各种培训，我主要以听为主，觉得自己的东西好像也没有可说的，现在你说出去后，大家觉得你这个很好，我成了被学习的人了。所以，我觉得我们加入集团以后，我个人在管理这方面有比较大的提升。”（DT1）

（3）薄弱学校教师队伍的变化。组织重构下，通过提升个体在组织中的满意程度来激发组织活力，保证组织不断发展。薄弱学校加入集团化办学后，开始了组织重构，教师作为薄弱学校的关键群体，得到了组织的高度关注。因此，在各类与薄弱学校有关的主体中，教师的变化是最明显的。

第一，教师视野得到拓展。通过培训拓展教师视野几乎是所有集团在师资改进方面最先采取的措施。几乎所有的受访者谈到薄弱学校的变化时，都谈到了教师通过培训拓展了视野。一是共享优质专家资源。教师通过集团的平台，通过参加培训或者会议的形式，接触到许多以前没法接触的优质专家资源。“像集团的国际研讨会，开了好几届，我都没听说过。上次校长也说了，以前是区里的校长或者书记参加，做讲座的都是国际国内相关领域的顶尖专家。现在有机会现场聆听，确实开眼，很多我没有听说过的观点，听后特别认同。”（DT1）有的集团也搭建了优质的专家资源共享平台，薄弱学校教师可以根据不同的需求去共享集团的专家。二是共享集团内的优质教师资源（特级教师、骨干教师）。“资源会共享一些。我们这边，本来老师就少，就像我的这个学科，就我一个人，我自己备课肯定相对会吃力一些。但跟集团一起备课，跟他们的骨干教师，还有特级教师一块儿备，就轻松一些。他们有不同梯度的素材，有的是经过好几年实践积淀下来的，我拿来就可以用。从资源共享上就会对我们有更多的帮助。”（BT2）通过集团例会或者培训，经常近距离地聆听优秀教师的分享，薄弱学校教师的视野也会得到拓展。“我觉得在业务素质这个方面视野打开了。有更多的机会去近距离地接触一些优秀的教师，可能原来只有公开课，我们听哪个老师课，现在有了更多机会。比如，年级和学校在开学初和学期末会有分享会，听其他老师讲后，会感觉收获很大。原来班级可以这样带，学生管理可以这样做，学到了很多先进的管理办法、课堂教学方式，我觉得都挺好的。”（DT2）参加集团的集体比赛活动，也拓展了教师视野。“集团搞的比赛都能参加，基本功也会跟着集团一块走，在准备这个基本功的过程中，就会跟那边的老师多交流一些，确实很受益。”（BT1）

第二，教师专业水平得到提升。教师专业水平提升是薄弱学校改进的重要标志。样本校中参与访谈的所有人员都认为，从整体上看，加入集团化办学后，薄弱学校教师专业化水平整体提升。加入集团化办学后的规模优势，为薄弱学校教师专业水平的提升奠定了基础。“比如现在，我们的教研跟本部一起，可能在将来逐渐地规划，还可能进行整个集团的大的英语教研，集体备课，这样老师备课的任务量就会变少，效果也会变好。首先是规范，比如英语可能就是一个模块，这个假期我不用干别的，我把这一模块听、说、读、写几个课时内容给研究明白了，内容资料补充了，然后大家统一汇总，可能整本书的教案就出来了，这样就会让老师省时、省力，同时也让自己看看身边的老师，能够互相学习。”（DT1）到集团核心校的代课或者轮岗，让薄弱学校教师有机会直接接触到不同的教师团队，或者更优秀的教师团队，对教师的提升也非常有益。“就像现在我们有好多老师在那边做班主任或者在那边代课，我觉得这种交流对老师技能的提升是非常有帮助的。如果没有加入集团，你的技能锻炼平时都会有局限。”（BT3）教师轮岗到集团核心校后，能接触到不同的学生。“我在两边教课，所面对的学生会有不一样，对我们老师教学也会有不同帮助。对于农村学校学生，他有他的特点，比如接受慢一些，这样进度会慢一些。你的授课方式可能更多地就侧重于基础知识一点点的学习。你给那边本部的学生教课，可能就要侧重于方法技能提升。”（AT1）这种体验的不一样，能帮助教师个体实现全方位的发展。“我既能教小班的农村生、困难生，也能教这种大班额、高强度的，对老师的提升还是很有帮助的。”（AG2）在集团核心校轮岗或者代课的教师，对学生的关注点也有变化。因为过去的薄弱学校更多关注学生的及格率等一般合格指标，但是核心校都会非常关注拔尖创新人才培养。这种关注点的变化也带动薄弱学校教师不断提升自己的专业素养。“以前我们对学生的要求，就看平均分，在农村校中觉得还行，你也就不会再去钻研其他的，现在我这个班，各科老师都关注拔尖创新人才的培养，也真有比较突出的学生，我自己也真得把大学的书，十几年没怎么看的，重新摸了（笑）。”（AT3）

第三，教师师德水平得到提升。由于经常性的互相观摩和学习，核心校教师舍得付出、一心为学生这些高尚的师德潜移默化传递给薄弱学校教师。这一点在薄弱学校与核心校形成的紧密型模式下体现得比较突出。“你有时候就是转一圈，就会发现不一样。晨检时，你看本部主任除了体温检测外，还会询问个别学生情况，还让学生总结一下昨天的班级工作，哪些问题需要改进；再比如中午，我看他们好多老师都不休息，或者跟学生在楼道谈话，或者在自习室对学生进行个别辅导。还有他们的班级电子屏，是滚动播出内容的，有北京名胜古迹的介绍，也有班级好人好事的表彰，还有榜样人物的介绍，我有时候去他们楼道的时候能看见班主任带着学生在讨论换什么内容。”（DT2）C 学校的教师表达了同样的观点：“同办公室的老师批改作业，100 多个学生，几乎每个学生每天的作业都给评语。而且，中午时老师几乎都是在找学生，而且说作业或者课堂纪律的不多，谈心特别多，而且也看得出来，老师是发自内心的关心学生，老师和学生的关系也处得特别好。老师从早晨六点多到学校一直忙到晚上下班，几乎没有休息。”（CT1）“我们办公室的李老师，坐我对面，又是特级，又是快退休的，天天还特别敬业，其实不要求坐班的，但是也来得早、走得晚，天天钻研，让我特别佩服。”（DT3）核心校教师的敬业、奉献，也在日常工作中影响着薄弱学校的教师。

第四，教师承担更多工作压力。加入集团化办学后，教师普遍压力增大。由于生源等原因，绝大部分薄弱学校的教师，无论是授课的深度和广度，还是付出的时间和精力，与核心校的教师相比都有差距。加入集团化办学后，生源变化了，教师也需要不断提升教学能力来满足学生需求和学校要求。几乎所有加入集团化办学的教师都认为压力增大了。“压力大多了，我过去一个班只有十几个学生，现在一个班快 40 个学生了。学校的标准也高，工作量、工作压力特别大。”（AT2）面对这种压力，有的教师欣然接受，积极应对。“压力变大了，一天得工作 12 个小时吧，但对我来说是非常好的一个锻炼。因为如果习惯了这种特别少的学生的话，将来一旦发生比较大的变革，不利于工作上的成长，而且很有可能被淘汰。”（CT3）当然，面对压力，也有的教师比较抗拒。“这也不是我想变的，我觉得我们以前没有这些评价，不也照样好好的，生源差就不能要求那么高。”（DT2）也有比较纠结的教师，特别是轮岗到核心校的教师，既担心核心校的教师瞧不起自己，也担心自己用力教的话会超过核心校教师，导致关系处不好。正如一名负责教师轮岗的中层干部所说的：“其实，核心校的老师也有顾虑，你轮岗来的，教得比我还好，实际也有压力。对于轮岗过去的老师，你教不好了，觉得对不起学生、对不起核心校、对不起薄弱学校，打心里想教好；你要教好了，那边的老师会说你是薄弱学校的老师，怎么还超过我们了，压力也很大。”（BG1）当然，压力最大的当数与核心校完全融合型薄弱学校学校的教师。例如C学校，与核心校的教师完全交叉使用，要求一致，对习惯“安逸”生活的薄弱学校教师来说，压力更大。

（4）薄弱学校学生的变化。薄弱学校学生的变化被认为是集团化办学效果的体现，受到集团核心校和薄弱学校的高度重视。薄弱学校的学生，随着学校加入集团化办学，在视野的拓展、优质资源的获得、内驱力的激发和学业水平的提升等方面表现突出。

第一，学生视野拓展。加入集团化办学后，薄弱学校一般会组织学生参加集团的活动，这给学生提供了不一样的平台和机会，由此拓宽学生视野。“机会和平台不一样，学生可以参加社团的活动，也有机会去参加比赛，比如科技类的，我们以前就没组织过，学生也没有机会去接触，学生视野开阔后，可能由此对某个学科产生兴趣和热爱。”（CT3）从学生的视角来看，对通过参加集团活动拓展视野的感受更直观。“我觉得露营特别好。以前看电视上的露营，觉得没意义。去年参加后，感觉特别好。我从来没有在晚上跟同学一块儿住过，晚上还一起学做饭，第二天参观现代农业，跟我想象得完全不一样。”（DS4）同时，集团牵头组织的活动往往有规模效应，即使是传统活动，与薄弱学校自行组织相比较，给学生的感觉完全不一样。“比如孙同学，他可能以前也有登台的机会，但面对的是我们学校100多人，或者200多人，现在他是在一两千人面前主持，心态完全不一样。”（DT3）

第二，享受更多优质教育资源。加入集团化办学后，课程资源更加丰富，社团活动、特级教师工作室、知名人物讲座和家长志愿讲座等形式，使薄弱学校学生能够享受到比以前更多的优质资源。拿D学校来说，在加入集团化办学前，“我们那时一学期只开十门左右校本课程，学生少，老师少，能开校本课的就那么几个”（DT2），但是，“这学期跟集团一起开，一下开了80多门，后来认定后能供学生选择的也有60多门，学生的选择多多了”（DT2）。特别是以前因为学生人数少，开不起来的像舞蹈、羽毛球和网球等校本课程或者社团活动，也因为集团的优势得以开展。集团的特色项目，例如拔尖创新人才的内部选拔，使加入集团的薄弱学校的学生也有了这样的机会。同时，学生定期参加集团游学活动，也越来越成为薄弱学校学生享受核心校优质资源的形式之一。

第三，学生内驱力得到激发。核心校“以学生为中心”优秀的办学理念和“做中学”“用中学”等比较前沿的育人方式，再加上有一批有经验的指导教师，使得学生的学习动力从活动中被激发。“我觉得我们家孩子假期的发酵实验做得非常好，孩子是在项目指导教师的帮助下，自己设计，自己做实验。虽然看起来就是蒸包子，但是他前期查资料、设计变量，失败了再来。光发面就发了好几次才成功。每次没做成就跟老师和小组同学讨论，然后对时间、温度、加的酵母的量进行调整，每次都仔细记录。那段时间，天天不是在网上查资料，就是跟老师和小组同学讨论。还不让我们动他的东西，什么都是自己弄。十几年，我就没看见他对什么事情上心过。最后蒸包子终于成功了，他特别兴奋。跟他以前的小伙伴和亲戚炫耀。我也发现，这学期孩子学习的主动性强多了，早晨起床不用我们一遍遍喊了，作业也基本不用催了，我确实感觉孩子进步挺大的。”（DP1）“我记得我们家孩子是在四年级的时候，学校并入集团的，最突出的感受是以前练腰鼓，他有点儿不是特别情愿，但是加入集团后，每次有表演回来，都会跟我们叨叨半天，很兴奋，要去演出前，也特别叮嘱我们把东西准备好，感觉他确实在享受这个过程。”（EP2）

第四，学生学业水平提升。学生学业水平提升在紧密型集团化办学模式的薄弱学校中表现得比较突出，而且这种提升往往是大幅度提升，提升后也非常稳定地保持在一个高位水平上。正如C学校所在集团的核心校校长所述："其实不到一年学校水平整体上就上来了。2020年的时候，就已经进入全区前20名了，发展挺快的，最好的时候能到十二三名，单科能到全区前五名。三年多，成绩基本上都是稳定在前20名，稳定在第一阵营，这是非常不错的。"（M3）薄弱学校学生学业水平提升还体现在参加集团游学活动的学生上，由于定期去核心校享受优质教育资源，这部分学生的学业水平普遍有大幅提升。"去那边定期参加集团游学活动的学生，每个年级都有，成绩比起他们刚加入集团那会，提升幅度非常大，而且每年都在持续提升。"（AG2）

从以上分析可以看出，薄弱学校加入集团化办学后会更换校长，新任校长有的由核心校校长兼任，有的是核心校派的干部，有的是上级主管部门委派的干部。加入集团化办学后，薄弱学校管理团队在办学理念、岗位职责和领导力上都有不同程度的变化。随着核心校搭建的培训和学习平台，薄弱学校教师视野得到拓展、专业水平和师德水平都得到提升，随之而来的是教师压力也增大。学生也因为能享受更多的优质资源，内驱力得到激发、视野得到拓展、学业水平也得到提升。

3. 从权力配置视角看

权力配置的视角关注的是组织在资源稀缺的情况下，如何分配资源。权力配置的视角认为，由于资源的稀缺性、需求的不一致性，冲突在各个组织中是天然存在、不可避免的。跟组织结构和人力资源的视角不同，权力配置的视角认为，组织的重点不在于解决冲突，而在于运用什么样的战略或策略来解决。目标、结构和政策都是通过主要利益群体之间的博弈和谈判过程而制定出来的，管理者之所以被认可，是因为能够平衡各主要利益群体的利益。在加入集团化办学后，为了推动整个集团工作，增加优质资源的供给，政府主管部门，如教育委员会也会给薄弱学校一些政策倾斜，帮助薄弱学校实现改进。除了政策支持外，也会在学生和教师两项核心资源方面有所倾斜，以帮助薄弱学校提升。

（1）内部资源发生的变化。第一，学校师资力量得到统筹配置。薄弱学校加入集团化办学后，不管是轮岗到集团还是参加培训，都会使教师职业水平有不同程度的提升。在访谈中，教师表达了同样的意见，家长和社会人士也表达了比较一致的意见。“我们家俩娃初中都是这个学校的，老大那时候，感觉就是一个农村校，什么也没有，老二就不一样了，老师经常发语音沟通，而且我们家老二碰到不懂的题，老师还自己录个小视频发过来，明显感觉老师管理不一样了。”（CP3）

第二，学校生源条件得到改善。薄弱学校加入集团化办学后，享有集团特有的参加集团游学活动的政策，即薄弱学校学生有机会定期去核心校享受优质资源。这对薄弱学校学生的家长来说，实现了孩子在家门口就能享受优质教育资源的愿望，因此得到家长的认可。具体表现在薄弱学校生源的提升上，这种提升既有数量的增加，也有质量的提升。正如C学校的中层干部所述：“原来我们周边这些社区里的家长不愿意将孩子送来这学校，都转到别处去了，现在我们这儿上来了，又都转回来，所以这一下子我们的生源大幅度地增长。”A学校的校长表达了同样的看法：“由于可以享受集团优质资源，报名的孩子肯定是多了，那成绩好的肯定也多了。集团化办学对我们提升生源太有用了。”对有的薄弱学校，这项政策甚至成了留住生源的关键政策。“正因为能去总校，所以有这么多学生报名，要不然，你说我们处在这么个尴尬的位置，周围都没有村了，哪还有学生。”（BA2）五所样本校的干部和教师都认为，加入集团化办学后，学校的生源数量和质量均提升不少。

（2）政策支持发生的变化。第一，设备设施得到升级完善。薄弱学校加入集团化办学后，为了快速获得学生、家长和社会的认可，其主管部门一般会首先采取改进设备设施这种最直观的方式，其中启用新校区和新的教学楼是力度最大的方式。在样本校中，D学校搬进了新的校区；C学校和E学校启用了新的教学楼。“还有一座楼之前被其他单位使用，加入集团后，我们把那座楼要回来了，而且重新装修了，后来就成了一个供专业教师使用的楼。所以，教育委员会是鼎力支持。”（M5）政府也通过收回过去被其他单位使用的操场、食堂和停车场等供薄弱学校使用的方式，来扶持薄弱学校的改进。E 学校过去的操场被其他单位使用，孩子们活动场地狭小，在加入集团化办学后，在区教育委员会、区政府、街道和集团的协调下，最终把操场全部收回，孩子们活动空间大大增加。C 学校也在加入集团化办学后，在集团的协调下，把以前出借的食堂和停车场收回，用于改善办学环境，得到了师生和家长的一致认可。此外，配备多媒体、更换老旧电脑和加装空调等，也是薄弱学校在加入集团化办学初期硬件方面出现的大的变化。

第二，获得更多财政资金支持。除了硬件方面的直接支持外，上级主管部门也会通过加大资金投入来支持薄弱学校的改进。例如，E 学校加入集团化办学后，区教育委员会下拨资金支持其改进校园文化，以尽快与核心校文化看齐。“教育委员会给予足够的资金支持来做楼道文化，要求与集团保持一致，若没有这笔资金，我们是不可能做楼道文化的。楼道文化做起来后，孩子们随处可以看到学校的校训、校风和办学理念，这对他们是种潜移默化的影响。家长来了以后，一看跟过去不一样，体现了集团名校的文化，也很高兴。”

第三，得到更多政策倾斜。从权力配置的视角来看，通过政策倾斜把资源分配给支持管理改革的人员，是管理者建立管理同盟、削弱反对者的势力、推进组织改革的重要手段。在薄弱学校改进中，我们也能看到这样的政策倾斜。一方面，部分薄弱学校教师工资实现上涨。上级主管部门对加入集团化办学进步比较大的薄弱学校，会在许多方面给予政策倾斜，包括通过奖励策略使薄弱学校教师工资水平提升。另一方面，薄弱学校教师子女入学问题得到缓解。过去，薄弱学校教师的子女很少上自己的学校。加入集团化办学后，通过教师轮岗和学生参加集团游学活动等方式，薄弱学校教学质量提升，教师开始愿意把自己的子女留在自己学校，这对于稳定薄弱学校教师队伍起到了很

大的作用。“有些老师可能本来要走，但说有这个轮岗后，可能就不走了。这个相对来讲在人事方面可能更好安排一点。”（AG2）

因此，从以上分析可以得出结论，薄弱学校加入集团化办学后，上级主管部门为了稳定推进这项工作，会有一定的软硬件支持和政策倾斜，学校也会从集团层面争取到一些有利于薄弱学校改进的政策。因此，一般来说，学校的软硬件设施会得到一定程度的改进。在名校品牌和集团优质资源向薄弱学校学生开放、教师轮岗等政策的加持下，学校的生源得到提升、师资力量也得到统筹分配。

4. 从组织文化视角看

对于薄弱学校在组织文化方面的变化，从访谈来看，受访者主动提及的不多。但是从实地观察和多渠道搜集的信息来看，薄弱学校加入集团化办学后，在组织文化方面也发生了明显变化。

（1）显性文化的变化。第一，校门特征的变化。加入集团化办学后，薄弱学校标识变化最明显的当属学校门口，因为学校门口首先呈现给社会的是学校的名称。新的校名往往非常容易看出薄弱学校所隶属的教育集团。有的薄弱学校在改变校名后，还对校门口的校园文化作出相应调整，这种变化往往与核心校的显性文化——学校标识（logo）、校旗和校徽等相一致，强化了薄弱学校加入集团化办学的事实。

第二，校内标识的变化。薄弱学校校内标识的变化，主要体现在三个方面：一是通过校园文化、楼道文化和宣传橱窗，展示核心校办学理念、校训和校风。二是办公用品文化与集团保持一致。学校专用信封的标识（logo）、信签纸的抬头以及代表学校外出使用的演示文稿模板等。三是学生校服。加入集团化办学后，学生的校服往往与集团核心校学生校服风格一致，只在具体的一些细节上作区分，这样就很容易知道学生是属于哪个教育集团。例如 D 学校，全部借鉴集团核心校的校服风格和款式，只在标识（logo）里学校名称缩写上有所差异。

第三，宣传内容的变化。薄弱学校宣传内容的变化主要表现在学校微信公众号发布的信息上。几乎所有的薄弱学校对于自己所在集团发生的大的事件（例如师生获奖）都进行了转载。同时，薄弱学校对自己学校参加集团的大活动——教师基本功大赛、师徒结对和运动会等也进行了适时的宣传报道。同时，从集团核心校的宣传来看，宣传报道薄弱学校的相对来说少得多。

（2）隐性文化的变化。第一，品牌文化的呈现。隐性文化里面最突出的是品牌文化。特别是品牌文化给薄弱学校带来的社会认可度和生源变化，在五所样本校的访谈中都有提及。正如一社会人士所述："集团化突出的是他的品牌效应。你的品牌效应越高，感召力就越强，社会认可度就越高。对学生、老师的凝聚力、期望、愿景也都有很大的帮助。好多薄弱学校的老师其实没怎么变，学校校舍也没怎么变，但是加入后第一年生源就大幅提升，究其原因，还是背后教育集团的品牌力量。"（Z2）几所薄弱学校同时加入知名教育集团后，也出现同样的情况，更能说明集团品牌的文化效应。"现在其实不只一个分校的成绩（或者办学声誉）比较好，其他分校的办学声誉都有大的改善。而且这种改善不是指那种简单的成绩变化，而是育人的这种氛围、效果得到了社会的充分认可，这是因为这块牌子在发挥作用。"（H3）

第二，工作氛围的变化。这方面的变化，涉及与日常工作相关的方方面面。既有管理的制度机制，也有教师形成的非正式团体的文化。这些文化往往借鉴吸纳了核心校的文化。在访谈中，中层管理者感受最深的是管理文化的变化。"比如写一个工作方案，我原来觉得挺简单的，后来发现要来回改好几遍。我一开始觉得挺麻烦的。有次就问他，他说，这对他们来说是常态啊。"（DG1）教师感受深刻的首先也是管理文化。"原来我们学校小，共三个年级组，老师间沟通交流要多一些。现在，老师变得更加忙碌了，虽然在办公室也有交流，但我觉得不如原来交流得多。"（CT2）"现在感觉最大的不适应，就觉得在办公室里好像大家都不说话。其实那个时候，老师主要是谈工作的，偶尔也愿意唠唠家常，后来发现也没机会唠家常了，当然了，唠家常其实

也不合适，但是那时候可能氛围轻松一点儿。”（DT1）

第三，仪式典礼的变化。加入集团化办学后，不管是开学初的教师培训，还是学期中的教师质量分析、师徒结对和学期末的结业式等，凡是条件允许的集团，基本上都以集团为单位开展。从相关公众号上搜索的文章里看到，D学校所在教育集团和C学校所在教育集团在开学前的教师培训上开展了集团层面的集体活动。条件有限的集团，也会选择一部分活动来在集团层面开展。B学校报道了学生参加所在集团的运动会和A学校所在教育集团的师徒结对活动。这些活动的开展，让薄弱学校师生有了集团的归属感，加速了对集团文化的认同。

从以上分析可以看出，薄弱学校加入集团化办学后，在薄弱学校的校名、校服和校园文化等显性文化方面，会不断争取与集团核心校看齐。通过不断借鉴使用核心校制度机制，在开学典礼、结业式和教师大会等方面与核心校不断深度融合，薄弱学校的工作氛围和仪式典礼等隐形文化呈现出与核心校不断趋同的态势。

二、组织同构：厘清薄弱学校改进的机制

（一）组织同构理论

组织同构是指在不同组织之间存在相似的结构和行为方式的现象和规律。这种相似性可以是由外部环境、社会和行业规范、组织之间的相互学习和仿效等因素所导致。组织同构研究的重点在于探讨组织同构的产生机制和影响因素，以及组织同构对于组织绩效、创新等方面的影响。

组织同构理论是一种描述组织行为和结构的理论，最初由迪马吉欧与鲍威尔提出，他们在1983年对组织集体理性与制度同构进行深入分析与探究，在论文中正式提出“制度同构”这种说法，此后它在社会学和组织行为学领域得到了广泛的研究和应用。组织同构理论的核心观点是：组织在相同的环境中，受到来自社会、政治和经济因素的

压力和约束，从而导致它们的行为和结构趋同。这种趋同由三种基本形式的同构机制形成。组织同构理论是组织学、管理学等领域中的重要理论之一，对于组织的管理和发展具有重要的理论意义和实践价值。

1. 组织同构理论的主要内容

（1）强制性同构。强制性同构是指组织在发展中受到法律、规定、政策等外在强制性因素的影响，从而迫使它们采取相似的行为和结构。这种同构机制通常出现在高度规范化的行业和组织中，例如医疗、银行和教育等领域。在这些领域，政府和其他机构制定的法律和规定要求组织遵守一定的标准和程序，这就迫使组织在行为和结构上趋同。例如，医院需要遵守政府颁布的医疗法规和标准程序，这就导致了医院之间的行为和结构不断趋同。

（2）模仿性同构。模仿性同构是指组织采取与其他组织相似的组织结构和行为方式。这种同构是由组织之间的相互学习和仿效所致。组织之间会在市场竞争、技术创新等方面相互学习、相互借鉴，并在自身内部进行改进和优化，从而形成相似的行为方式和结构。此外，某些领域的先进组织和知名组织的行为方式和结构也会成为其他组织仿效的对象，从而导致组织间在行为和结构上趋同。

（3）规范性同构。规范性同构是指组织在发展中受到一系列规范性因素的影响，包括社会文化、专业发展、行业动向、社会价值观等，从而迫使它们采取相似的行为和结构。这种同构机制通常出现在高度专业化的行业和组织中，例如法律、会计和咨询等领域。在这些领域，组织需要遵循行业、专业和社会价值观等规范性要求，这就导致了组织之间的行为和结构趋同。例如，律师事务所需要遵守法律、法规和行业标准，这就迫使它们在行为和结构上趋同。

2. 组织同构理论的选择依据

从文献研究来看，王俊锋用组织同构理论对中国开发区制度扩散的机制开展了研究；[①] 李想和何得桂用组织同构理论对党建引领新型农村集体经济发展的过程与机制开展了研究；[②] 顾光海用组织同构理论为分析框架，对新疆生产建设兵团如何实现体制转型开展了分析研究。[③] 可以说，能以组织重构理论为工具来进行分析的研究对象多种多样，基本上具备组织特征的，都可以用组织同构理论进行分析。本书中的研究对象，无论是薄弱学校、核心学校，还是教育集团，都是组织的一种，薄弱学校改进的实质是希望薄弱学校与核心校不断看齐、不断趋同。因此，对薄弱学校依托集团化办学实现改进的机制，适合用组织同构理论来进行研究。

（二）组织同构理论分析

1. 强制性同构

当组织在发展中受到巨大的压力时，就有可能会引发强制性同构。如果某一组织对另外的组织产生依赖，承受着来自该组织的正式与非正式压力，或是在满足社会文化要求的过程中承受压力，强制性同构发生的概率就比较高，组织往往通过采取强制手段、进行说服劝导、发出善意邀请等措施实施共同行动。国家的政策、规定和法令，会给处于其约束力范围内的组织带来压力，这些组织会在这样的压力下来落实政策、规定和法令，从而带来组织的变化。因此，可以说组织的变化是对国家规定和法令的一种直接反应。

（1）教育集团成立的强制性。教育集团的成立，本身就是对国家政策的直接反应，是政府强制推进的，并不是学校自发产生的。政府主管部门为应对社会对优质教育资源的需求，制定出改进薄弱学校、扩充优质教育资源的系列政策。这些政策里面主要的是集团化办学系

---

① 王俊锋：《中国开发区制度扩散机制研究》，中共中央党校博士论文，2021 年 6 月。

② 李想、何得桂：《制度同构视野下党建引领新型农村集体经济发展的过程与机制——基于“三联”促发展工作实践的分析》，载《党政研究》，2022 年第 4 期，第 72—83 页。

③ 顾光海：《新疆生产建设兵团体制转型研究》，武汉大学博士论文，2009 年 4 月。

列政策。这些集团化办学的系列政策对学校，无论是优质学校还是薄弱学校都会带来压力。在这种压力下，便发生了强制性同构，即集团化办学，教育集团应运而生。因此，集团化办学是学校对国家关于扩充优质教育资源、改进薄弱学校系列政策的直接反应，是强制性同构的结果，而不是学校自发组合产生的。

（2）薄弱学校改进的强制性。薄弱学校改进也是对国家政策、指令的直接反应。薄弱学校的改进是在国家政策引领下，不断深入推进的。1998年，教育部颁布《关于加强大中城市薄弱学校建设，办好义务教育阶段每一所学校的若干意见》，国家层面从城市开始推进薄弱学校改进。2007年，国家发展和改革委员会、教育部印发《中西部农村初中校舍改造工程总体方案》，国家开始对中西部和农村的薄弱学校强制进行改进。2011年的《关于实施农村义务教育薄弱学校改造计划的通知》、2015年的《关于进一步做好全面改善贫困地区义务教育薄弱学校基本办学条件有关工作的通知》和2017年的《关于进一步加强全面改善贫困地区义务教育薄弱学校基本办学条件中期有关工作的通知》这三个文件中，政府从硬件设备、资金、技术，到管理、教师培训、生源等方方面面给薄弱学校给予了大量的政策倾斜，对农村和西部地区薄弱学校更是给予了政策的特殊支持。社会文化环境对优质教育资源的渴求和国家层面对薄弱学校的政策倾斜，让地方各级政府和学校都感受到来自政策的压力。薄弱学校为了自身的生存和发展，也不得不想办法改进。根据政策的导向，改进最直接的形式就是加入集团化办学。因此，薄弱学校改进作为组织转型的一种形式，既是对国家政策的直接反应，又是社会对优质教育资源渴求的社会文化的反应。

由此可以看出，依托集团化办学进行薄弱学校的改进并不是一种自发形成的过程，而是国家和地方的各种政策所塑造的。

2. 模仿性同构

模仿性同构发生的最根本原因就是，组织在发展中出现目标不明确的情况，无法应对制度环境的不确定性，并由此产生合乎公认的反应。如果一个组织发现设定的发展目标存在冲突，或是明显感受到制度环境中具有不确定性的符号象征，就会把优秀组织当成模仿对象，对制度结构进行调整。组织通过模仿以减少不确定性带来的风险。在集团化办学的过程中，模仿性同构起着非常重要的作用。集团化办学是教育领域的创新，是政府扩充优质教育资源的重要改革创新手段。但是，政府也意识到，创新可能会引发风险，成功率并不高。出于规避创新风险或是降低创新成本的目的，政府会积极借鉴成功经验，以这种方式取得创新成功。我国的薄弱学校依托集团化办学实现改进的过程，也是不断借鉴国际国内经验的过程。我国早期的薄弱学校改进研究，大部分都是在介绍英国和美国薄弱学校改进的做法。从中国知网数据库搜索结果来看，关于薄弱学校改进发表最早的十篇文章中，有八篇都是从不同维度直接介绍英国和美国薄弱学校改进的具体做法。李锐利介绍了英国薄弱学校改进的八个主要措施；① 冯宏义和许明则基于美国的路易斯安那州、马里兰州、纽约州和得克萨斯州四个州的不同举措，介绍了美国薄弱学校改进的共同特征；② 朱红霞则介绍了美国薄弱学校改进策略的四个一般要素和美国对薄弱学校进行干预的典型策略——重构和接管。③ 这些研究为我国的薄弱学校改进在实践领域的推进提供了可模仿的样板。

（1）集团化办学背景下薄弱学校改进的国际经验。这部分选取教育比较发达的英国、美国、日本三个国家，分析他们在薄弱学校依托集团化办学实现改进方面的经验做法，总结值得我们模仿借鉴的方面。

第一，英国经验。英国是世界上教育发达国家之一，其教育改革经验也被广泛研究和借鉴。英国薄弱学校改进历程可以追溯到 20 世纪

---

①　李锐利：《从失败走向成功——英国改进薄弱学校的措施对我国的启示》，载《外国中小学教育》，2003 年第 2 期，第 12—17 页。

②　冯宏义、许明：《美国扶助薄弱中小学的主要措施》，载《比较教育研究》，2004 年第 1 期，第 48—53 页。

③　朱红霞：《重构与接管：美国改进薄弱学校的策略》，载《中小学管理》，2004 年第 4 期，第 55—56 页。

90 年代，当时英国政府认为一些学校在学生成绩、教学质量和管理方面需要改进。具体来看，1997 年开始启动教育改革计划，制定了一项名为“教育（学校）法案”的改革项目，其中包括改进薄弱学校的措施。1998 年成立薄弱学校援助小组，旨在为薄弱学校改进提供资源和其他相关支持。1999 年推出“提升薄弱学校计划”，该计划为薄弱学校提供了额外的资金和其他相关支持，以改进学校管理、教学质量和学生成绩。2000 年推出教育成就奖学金，旨在鼓励 16 岁以上的学生继续接受教育。2002 年通过《教育与技能法》，该法赋予了政府更多的权力来改进薄弱学校。2003 年推出“学校振兴计划”，该计划旨在通过提供资金和其他相关支持来改善薄弱学校的管理和教学质量。2006 年成立教育改革署，该机构负责推进英国教育改革计划，包括改进薄弱学校。2010 年保守党上台，推出“自由学校计划”，旨在鼓励私立企业、宗教组织和其他团体创办学校，以改善英国教育体系。2012 年推出“学校改进计划”，旨在为薄弱学校提供更多的资源和其他相关支持，以提高学生成绩和教学质量。

英国薄弱学校依托集团化办学实现改进的典型做法是自我改进学校系统，包含国家教学学校联盟和学院制学校信托两种主要形式。

英国的国家教学学校联盟于 2011 年成立，为了能让薄弱地区也采用先进的模式组织教育教学活动，从整体上提升区域办学水平，从周边地区甄选了部分学校创建国家教学学校，入选学校要具备五大标准：校长有至少三年的校长工作经历，具有卓越的领导能力；学校拥有一支优秀的领导团队，在六大核心领域都能承担职责，包括引领教师向专家型方向发展，为其他学校提供支持，组织新入职教师培训，确定领导干部人选且进行培养，开展教学研究等；在督导检查中获得认同，被评为“优秀”；与其他部门及学校合作；在学校改进中呈现较高的领导力。国家也通过项目经费的方式从资金上给予国家教学学校支持，联盟中的学校在接受国家教学学校的支持与服务时，也可能需要向其中的核心校支付一定的费用。这些费用为核心校不断提升自己、更好服务其他薄弱学校提供支持。①

学院制学校信托是一项薄弱学校改进策略。英国政府把这项策略作为当前英国最重要的“自我改进的学校系统”的组成部分。有些学校在学业方面始终没有突破，一直处于劣势地位，政府将采取强制性手段将其调整为学院制学校。截至 2018 年，英国国内 21 513 所公立学校中，约 35%的学校已经转变为学院制学校，其中包括约 72%的中学和约 27%的小学。②

学院制学校与一般学校相比的不同点在于，此类学校在建设与发展中，直接获得中央财政支持，不受制于地方教育行政部门，在引入教师、安排课程、内部治理等方面享有比其他学校更高的自主权。2010 年，英国议会通过了《学院制学校法》，从法律上为多学院信托规模化扩张提供支持，信托的基本特征就是多所学校合作与赋权。多学院信托是学院制学校的管理者，是学校真正意义上的治理机构，与我国的教育集团较为相似。多学院信托能对多所学院制学校实施托管，引领多所学校结成联盟，在实践中进行合作。

英国薄弱学校改进的这两种主要模式——国家教学学校联盟和学院制学校信托，值得我国的薄弱学校改进模仿借鉴的有以下四点：一是借鉴其对核心校的职责和标准界定。在英国，入选国家教学学校的学校相当于我国的集团核心校，英国对其有明确的标准，对其承担的六大核心领域职责也界定得非常清晰。我国在设置教育集团时，可以模仿这一做法，对集团核心校的标准和职责进行界定，方便其在后续工作中主动承担起帮扶薄弱学校的职责。二是薄弱学校的办学自主权。学院制学校享有较高的办学自主权，特别是在学校的日常管理中，学生学习时间、教师工资和聘用、课程设置等。这些方面的自主权能让

① 倪中华、李霞、马红洁:《英国经验：英国的“国家教学学校联盟”和“学院制学校信托”》,载《上海教育》,2019 年第 29 期,第 66—67 页。

② P. W. Armstrong, C. Brown and C. J. Chapman, “School - to - School Collaboration in England: A Configurative Review of the Empirical Evidence”, *Review of Education*, Vol. 9, No. 1, 2021, pp. 319-351.

薄弱学校根据自身的特点打造特色，值得我国借鉴。三是对集团的评估。英国权威组织要求每三年需要对国家教学学校组织一次深入而全面的审查活动，如果学校无法顺利通过审查，则不能参与后期资质认定。为了增强薄弱学校改进的主动性，避免出现“搭便车”的心理和个别学校的不作为，我国在评估教育集团办学质量时，也可以借鉴这种模式。四是经费支持。不管是国家教学学校还是学院制学校，均从国家层面给予专项经费支持。我国也可以借鉴这种模式，在薄弱学校加入集团化办学后，给予核心校和薄弱学校专项经费支持，为薄弱学校的改进提供资金保障。

第二，美国经验。1983 年，美国掀起了席卷全国的“学校重建运动”。在这场改革中，特许学校应运而生。1992 年，美国明尼苏达州创建第一所特许学校。因为得到了州政府与联邦政府的共同支持，立法机构也为其提供保障，在短暂的二十几年间，特许学校实现了规模化扩张，招生数量与学生数量显著增加。在迅速发展的过程中，也出现了像 KIPP（the Knowledge Is Power Program，知识就是力量项目）这样影响力非常大、覆盖范围非常广的特许学校教育集团。到 2020 年，全美已有 40 多个州通过了促进特许学校发展的相关法令，超过 200 万名学生进入了 43 个州的 6000 多所特许学校就读。① 美国的特许学校属于公立学校，是建立在绩效责任制的基础之上，具有“特许状”或合同制的显著特征。政府承担着提供资金的责任，也努力寻求企业、社区、家庭的资金援助。与一般公立学校相比，特许学校有两大特征：一是学生来源。特许学校的学生来源比较广，许多与学校距离较远的家长为了让孩子能接受更好的教育，或是仰慕学校的良好声誉将孩子送到这里。二是特许学校在多个方面享有充分的自主权，包括教师引进、资金使用、课程安排、学校管理等。

对于美国依托集团化办学实现薄弱学校的改进，值得我国模仿借

---

① 杨广晖、王瑜：《美国特许学校的得失经验与启示》，载《教学与管理》，2020 年第 10 期，第 80—83 页。

鉴的主要有以下三点：一是法律依据前置。美国特许学校建立的过程是各州先通过《特许学校法》，对授权制度进行详细阐述，学校再依据《特许学校法》进行申请和办学。这一点值得借鉴，开展基础教育集团化办学，先从立法建设着手，在健全立法的基础上实施办学活动，使集团化办学有法律依据。二是教育集团核心竞争力的塑造。美国的KIPP教育集团非常有影响力，其独特有效的办学理念和方法——高期待、自主选择教学时间与课程内容、强领导力、成绩优异——让其不断发展壮大，现阶段已经覆盖20个州，也把162所华盛顿特区的学校纳入其中（涵盖小学到高中三个学段，数量分别为60所、80所、22所），学生数量近6万名。[①] 我国的教育集团在成长过程中也应该注意特色打造，不断形成核心竞争力，实现集团高质量发展的同时，带动集团内薄弱学校的改进。三是问责机制。特许学校在发展中如果未能兑现"特许状"中的承诺，将面临被撤销或关闭的处置。学生学业成绩和学校是否落实了特许学校建立时签订的协议条款是评价特许学校的重要指标。由此可以看出，美国特许学校的问责机制比较完善。为了确保我国薄弱学校依托集团化办学能够切实实现改进，也可以借鉴美国特许学校的问责机制，提前界定好核心校的职责，督促其履职尽责，帮助薄弱学校实现改进。

第三，日本经验。日本自20世纪60年代开始实施集团化办学，由于当时日本的学生数量大量增加，需要寻找一种更有效率的教育管理方式。集团化办学的实施使得学校的管理变得更加统一，教学质量得到了提高。随着时间的推移，日本的集团化办学不断发展，形成了多种不同类型的集团化模式，其中代表性的有纵向、横向和纵横交叉三种模式。对于纵向集团化模式而言，各学校按照年级划分，同一年级的学生在不同的学校中学习。在横向集团化模式中，同一地区的不同学校进行联合，共享教育资源，提高教学质量。在纵横交叉集团化

① 倪中华、李霞、马红洁：《美国经验：美国的特许学校》，载《上海教育》，2019年第26期，第66—67页。

模式中，学校和企业或社会组织合作，共同开展教育活动。日本的集团化办学不仅解决了规模和资源的问题，而且还在薄弱学校改进方面发挥了积极的作用。20 世纪 80 年代，日本开始经历经济下滑和人口结构变化，这给其教育体系带来了巨大的压力和挑战，其中教育质量的下降以及教育不公平问题是最严重的。政府为此着手制定改革政策，以提高教育质量，缩小教育差距，适应新时代的需要。“薄弱学校改进计划”应运而生，该计划旨在提高学校的教学质量，特别是那些学生学业成绩较低的学校。

薄弱学校通常缺乏教育资源和教师的支持，难以满足学生的需求。为了解决这些问题，日本政府采取了一系列措施：将薄弱学校与其他学校组成集团，以共享教育资源和教学经验；启动“超级薄弱学校计划”，通过增加教育资源和师资的投入来改善这些学校的教学质量；开发一些新的教学方法和课程，以满足学生的需求，并激发他们的学习动力。这些措施逐渐改善了日本薄弱学校的状况。尽管集团化办学和“薄弱学校改进计划”并没有完全解决教育问题，但它们对日本教育制度的优化与调整产生了积极影响。

20 世纪 90 年代，日本为推动薄弱学校改进采取三大基本策略：一是教育委员会放松对学校的制约，鼓励学校自律，突显其主体性，在管理方面赋予学校一定的裁量权。二是为了增强学校发展能动性与校长领导力，实现学校有序运营与发展，在校内组织“职员会议”，协助校长处理校内事物；在校外设立“学校评议员”，为学校发展作出合理规划或提出意见。校内与校外紧密合作，促进校长领导机制的进一步健全。三是对学校进行评价且形成制度，要求学校对教育委员会负责。

进入 21 世纪后，日本的薄弱学校改进不断深化，学校体制化改革倍受重视。为了突显地方教育的自主性和提高教育质量，日本自 20 世纪 90 年代初开始建立自治体教育委员会。这些委员会由当地政府和教育界人士组成，负责制定当地教育政策和计划，实现学校管理的本地化。在学校体制化改革中，日本取消了教师的终身雇用制度，引入了学校选任制。这意味着学校可以根据需要雇用和解雇教师，使教师的工作热情得到提升，教学质量随之发生积极改变。为了增强中小学教育连贯性，也为了促进教育质量的提升，日本推行了中小学一体化教育。中小学在课程设置、教学方法、教育管理等方面进行整合和协作，实现教育资源的共享和优化。

日本依托集团化办学实现薄弱学校改进的策略不多，但是国家对薄弱学校改进作了多种尝试，也积累了多元的经验和做法，涵盖了政府、学校、教师、学生、家长等各方面的努力和支持，其中值得我们借鉴的有两个方面：一是日本教育集团的多样性。日本组成了纵向、横向和纵横交叉等多样化的教育集团模式。多样的教育集团能够满足不同的需要，对目前我们的教育来说，学生和家长的需求也不完全一样，可以借鉴此做法，建立起多种多样、各具特色的教育集团，在改进薄弱学校的同时，最大限度满足学生和家长的需求。二是日本实施了“超级薄弱学校计划”，通过增加教育资源和师资的投入来推动这些学校的改进，同样值得借鉴。

（2）集团化办学背景下薄弱学校改进的国内榜样。在我国，依托集团化办学实施薄弱学校改进工作，已经历经了20多年发展。20世纪末期，各省市、各地区已经开启了通过名校办分校、学校间联合办学等方式，实现教育集团化办学的初步探索。进入21世纪以来，以浙江省杭州市的集团化办学为标志，开启了新一轮以集团化办学改进薄弱学校的实践。这一时期，上海、北京、辽宁、广东等多省市都在通过集团化办学，大力拓展地区优质教育资源供给，从而实现对薄弱学校的帮扶与改进。这些实践为国内各省市间、集团间、学校间互相学习、借鉴和模仿提供了样板。

第一，从偏远地区看。云南、贵州、四川等省份为提升远郊区县薄弱学校师资水平，开展了集团远程网络教研项目。[①] 内蒙古自治区锡

① 陈霖、杜明军：《集团化办学环境下网络联合教研模式的建构与实践——以某教育集团“联合教研”项目为例》，载《中国信息技术教育》，2021年第2期，第89—93页。

林郭勒盟苏尼特左旗党校中学在教育集团化改进中与锡林郭勒盟兴安盟实验中学组成教育集团，通过充分利用优质学校的资源和经验，提高教师教学能力，改进教学方式和方法，使学校教育质量得到大幅提升。贵州省黔西南布依族苗族自治州兴义市第二小学与贵州省贵阳市小河区花果园小学组成教育集团，通过资源共享和师资支持等方式，实现了教学资源和教育管理的优化，学校办学水平得到显著提升。边远山区是教育整体相对薄弱的地区，也是薄弱学校数量相当大的地区，这些典范为其他偏远地区通过集团化办学实现薄弱学校改进提供了模仿的样板。

第二，从各省市来看。浙江省杭州市、四川省成都市等城市通过委托管理、名校合作、一校多址等方式快速推动教育集团建设及薄弱学校改进。具体来看，杭州市江干区通过打造“新教育共同体”创新实施集团化办学，并基于不同区块实际建立不同的新联盟。例如：在生源和教师薄弱区，建立“教师研训共同体”；在学校数量适中、规模不大区域，引入高校资源，建立“区域联盟共同体”；在城镇化快速推进地区，依托高校人员的深度介入，成立“院校合作共同体”；在新兴开发地区，实行名校引领、资源统整，建立“名校新校共同体”。成都市通过资源整合、教育协同、管理优化等集团化办学方式，促进师资、教学设备与教育资源共享，推动薄弱学校改进。① 例如：成都市金堂县第一中学通过集团化办学，与金堂县十四中、二十一中、第一实验中学等学校合作，通过建立“资源共享、课程互补、教学协作、评价监控”四个机制，实现了教育资源的优化配置和办学效益的提高；成都市锦江区沙河镇中心小学与同区域内的另外两所小学合作，实施集团化办学，共同组建了沙河教育集团，同构科学的管理制度和机制，实现了教育教学质量和办学效益的提高。各省市涌现的这些典范既为各省市依据各自实际情况制定政策提供了实践依据，也为其他省市薄弱

---

① 赖腾玉：《青羊区集团化办学促进义务教育资源均衡配置的案例研究》，电子科技大学硕士论文，2022 年 3 月。

学校的改进提供了模仿的样板。

第三，从教育发达区域来看。北京市通过创新管理机制、激发分校活力等措施推动实施集团化办学，如建立教育集团“主任委员会制”、设立教研中心等，一方面有效规范各分校办学行为，另一方面极大调动各分校的自主性与活力。例如，北京市史家教育集团，在现代化集团运行机制方面，主要实行扁平化、网络化管理，年级组长、中层及以上管理人员实行竞聘上岗制度。上海市以整合资源、优化师资等为重点，将多所学校组成一个教育集团，由一个主导学校领导集团，实现资源共享、协作发展，提高集团内薄弱学校的教学水平。例如，上海市徐汇区教育集团，通过教学资源共享、师资共享等方式，成功改善了徐汇区薄弱学校的教育教学质量。广州市基础教育通过市属优质教育资源集团化办学，促进优质教育资源体量的增加，为基础教育提质与均衡作准备。[①] 例如，广州市花都区东华中学，通过加强管理体制建设、强化师资力量建设，推进教育教学改革，实现了从薄弱学校到优质学校的跨越式发展，在多项教育教学指标上均获得了显著的提升，并被评为“广东省省级示范高中”。这些特大城市，也是国内教育的发达地区，近年来在教育集团化办学方面进行了多方面的探索，也积累了各个维度的经验，值得全国各地的集团化办学借鉴模仿。

应该说，国内集团化办学 20 多年的发展，本身也是通过互相学习、互相借鉴，即模仿同构实现的。这些已经形成的经验，也为后续的集团化办学和薄弱学校改进提供了模仿的样板。

（3）集团化办学背景下核心校的榜样示范。组织同构理论指出，通过对成功的做法进行模仿，组织在行为与目标两方面都会与成功组织逐渐趋同。从社会群体行为来看，模仿会表现出自己更加“合群”。因此，组织在发展中要想得到外界认同，会刻意对优秀组织进行模仿。薄弱学校在加入集团化办学后，都想摆脱自己原有“薄弱”的标签，

---

① 傅荣:《新时代集团化办学的广州模式探索》,载《上海教育科研》,2018 年第 2 期,第 25—29 页。

赢得社会的认可，再加上集团核心校为其提供了天然的模仿对象，因此，其模仿同构的动力非常足。在管理层的主动作为下，薄弱学校通过模仿或学习核心校的经验与做法，对自身进行调整与优化，并通过学习核心校的教育教学模式、管理经验、课程设置、教学方法等方面，实现自身的快速改进提升。

第一，模仿核心校办学理念。核心校之所以在集团化办学中承担核心校的角色，首先是因为核心校在校风、校训和愿景等办学理念方面比较成熟，能够引领和指导薄弱学校的工作，是形成集团品牌的坚实基础和有力表征。加入集团化办学后，薄弱学校还没有自己成形的办学理念，为了减轻社会的焦虑和与集团保持一致，薄弱学校一般会直接照搬核心校的核心办学理念。

第二，模仿核心校制度机制。在自身学校发展目标还不清晰、发展改进结果未知的情况下，为了得到社会的认可，薄弱学校的主要做法之一就是模仿核心校的教师培养、学生培养和课程设置等制度机制，有效避免社会各界对薄弱学校工作的质疑。在样本校案例中，改进明显的学校，也是模仿核心校制度机制较多的学校。这种模仿，让薄弱学校看起来跟核心校有更多的共同点，让社会对薄弱学校的工作表示认可，从而帮助薄弱学校逐步改善了形象，实现了改进。

第三，模仿核心校组织文化。薄弱学校在加入教育集团后，都积极实施了组织文化的模仿。例如学校标识系统的调整。在校园改造中，突出了具有教育集团特色的校门，统一了具有教育集团特色的校舍配色；在学校标识中，悬挂了教育集团的校徽、标识（logo），加挂了教育集团的前缀。这些文化的模仿，让社会大众更清晰地辨识出学校所属的集团。由于社会大众对集团核心校有良好印象，便也对有同样文化的薄弱学校产生好感，薄弱学校的社会认可度由此得到提升。

总之，薄弱学校在依托集团化办学实现改进的过程中，特别是在起始阶段，对自身能改进成什么样不清晰，其原有的文化和集团的文化也出现不同程度的冲突，这时候以集团核心校成功的经验和做法为参照进行模仿，实际上是对集团化办学背景下薄弱学校在改进之初所处环境不确定性的一种回应。

3. 规范性同构

组织同构的第三种形式是源自规范性的要求，也就是存在着规范性同构。而规范性同构主要是源于相关的专业化进程。对于规范性同构的专业化，组织内部人员因素产生的影响比较大，特别是专业人员与管理者。[①] 在薄弱学校改进过程中，专业化进程与教育集团和薄弱学校内部管理者及其专业化管理有关。总体上说，薄弱学校改进的规范性同构，也主要是由集团内管理人员的不断趋同、管理规则的规范化和校际交流所带来的。主要体现在以下三个方面。

（1）管理人员的趋同。组织内部人员的趋同，对其规范性同构产生了非常重要的影响。组织同构理论认为，对规范性同构起推动作用的一个重要的机制就是，组织内部人员的筛选。薄弱学校人员主要包括管理者、学生和教师。这三部分人员都有不同程度的趋同特征，其中最明显的是管理者的趋同。管理者及其行动对组织存在着非常重要的影响。组织的初始战略规划和结构，以及管理团队的构成，通常都反映了管理者的期望、偏好，甚至是即时的兴趣，他们对组织的运行会留下长远且深刻的影响。

在集团化办学的组织场域内，上级主管部门负责对薄弱学校管理人员的筛选。薄弱学校加入集团化办学之初，大多采用核心校校长兼任薄弱学校校长，或者从核心校选派管理干部担任薄弱学校主要领导的方式，完成管理层的配备工作。这种方式能非常有力地推进薄弱学校的改进。但是同时，也导致了薄弱学校管理者和教育行为的趋同。

（2）管理规则的规范化。上级主管部门对学校办学制定的规则和要求，就是使所有的学校具有一定的同质性，例如，中学生守则让所有中学生具有比较一致的行为规范，中小学教师职业行为十项准则让

① 王俊锋:《中国开发区制度扩散机制研究》,中共中央党校博士论文,2021 年 6 月。

所有教师具有比较一致的行为规范。来自集团的规范化管理，是薄弱学校规范性同构的一个主要因素，强化了集团内学校间的趋同。为了推动薄弱学校的改进，上级主管部门会有针对性地出台相关配套政策和措施，促进和规范薄弱学校的行为，集团层面也会有集团化办学章程或者集团理事会制度等规章制度，来规范薄弱学校的行为。处于紧密型关系模式下的薄弱学校，有的甚至直接使用核心校的制度。例如：D 学校使用了集团核心校的绩效工资方案和教师行为规范，C 学校使用了集团核心校的考勤制度、教研制度、听评课制度等。这些制度的实施必然会使薄弱学校与集团核心校之间出现师生行为的趋同。

（3）校际的交流。组织不可避免地要与其他组织进行交往。薄弱学校本身就是处于集团化办学形成的组织集群之中，薄弱学校与集团内其他学校的交往，也是其获取资源的基础和关键渠道。与集团核心校的共同教研、集体培训是薄弱学校师资队伍建设的主要手段。通过集团内的教师轮岗交流和集团理事会的定期会议，大家之间互相分享与学习，在带来薄弱学校改进的同时，也必然带来趋同。

因此，在薄弱学校改进的过程中，管理人员的趋同、学校管理规则的规范化以及薄弱学校与集团内其他学校的交流，使得薄弱学校的行为呈现出规范性同构的特征。

4. 薄弱学校实现改进的机制小结

薄弱学校是如何实现改进的，即薄弱学校实现改进的机制是组织同构。本书从强制性同构、模仿性同构和规范性同构三个方面对薄弱学校实现组织同构的机制展开分析。强制性同构，主要体现在教育集团设立的强制性和薄弱学校改进的强制性。不管是教育集团的设立，还是薄弱学校的改进，都是对政府系列政策的反应，并非学校自发行动的结果。模仿性同构，主要体现在集团化办学过程中，既可以借鉴英国、美国等国家通过集团化办学实现薄弱学校改进的机制，也可以向国内的薄弱学校改进榜样学习，核心校更是提供了天然的模仿样本。规范性同构，主要体现在薄弱学校管理人员的趋同、学校管理规则的规范化和薄弱学校与集团内其他学校之间交往的影响方面。从以上分析也可以看出，在薄弱学校改进的过程中，强制性同构、模仿性同构和规范性同构这三者不是完全互相分离的，很多时候是相互交叉进行，共同推动了薄弱学校的改进。

三、影响薄弱学校改进的要素

以五所薄弱学校为样本，运用组织重构理论对薄弱学校加入集团化办学后发生的变化进行全方位的分析，运用组织同构理论对如何发生这些变化（变化实现的机制）展开分析。通过以上分析，明晰了薄弱学校加入集团化办学后，通过各级政府的政策等实现强制性同构，通过模仿核心校的制度机制和组织文化等实现模仿性同构，通过管理人员的趋同和学校管理规则的规范化等实现规范性同构，正是在这些机制作用下，薄弱学校组织架构发生变化，与核心校形成紧密型、松散型和中间型三种管理模式。薄弱学校不同程度模仿和使用核心校制度机制；薄弱学校校长和中层干部在办学理念、岗位职责和领导力方面均有变化；教师的视野、专业水平、师德水平都得到拓展和提升，压力也随之增大；学生因为能享受更多的优质资源、内驱力得到激发、视野得到拓展、学业水平也得到提升；随着上级主管部门政策的倾斜，学校硬件设施得到改善，生源得到提升，师资力量得到统筹分配。学校的校名、校服和校园文化等显性文化和学校的工作氛围、仪式典礼等隐形文化均与核心校不断趋同。为了给薄弱学校改进提出有针对性的措施建议，有必要进一步分析哪些要素影响薄弱学校改进的成效。

（一）组织结构调整

从管理模式、制度机制和内部结构来看，对薄弱学校改进影响最大的是管理模式。加入集团化办学后，薄弱学校与核心校的关系模式对薄弱学校的改进至关重要。通过分析发现，紧密型模式有利于薄弱学校改进；松散型模式不利于薄弱学校改进；中间型模式适用于早期，在中期发展中需要往紧密型模式发展才有利于薄弱学校改进。在紧密型关系模式下，薄弱学校一般与核心校形成一体化管理机制，同一套管理班子、同一个法人，教师交叉使用，学生统一管理，使用核心校的制度机制，以核心校的标准对日常工作进行改进。在松散型关系模式下的薄弱学校，无论是从样本校反映的情况，还是从没有纳入样本的K区其他类似学校的情况来看，变化总体不大，相对独立的管理，让薄弱学校很难实现大幅度、快速的提升。

1. 管理模式对教师队伍建设的影响

在本书的五所样本校中，C学校与集团核心校构成的关系就属于紧密型，学校的改进速度非常快，成绩非常突出，同行和社会认可度也非常高。这种改进突出表现为教师成长快。“从引领的角度、政策执行的角度来讲，应该说作用发挥很快。比如，我们分校区级以上骨干教师的数量，在这三年一轮的过程中翻了一番，当然以前也少，所以翻番相对来讲还算是容易，下一步的发展可能就要比这个难度更大。不光是翻番的事情，可能是需要一个相对比例数，必须要达到优秀，这也是我们专业发展的一个目标。”（H1）不仅是区级以上骨干教师数量翻番，教师在各级各类比赛中获奖人次也大幅提升。“过去教师获奖的很少，获奖的也是集中在论文方面。近两年，教师在基本功大赛，特别是带领学生参加比赛等方面获奖的数量大幅增加。”（H1）与集团核心校是松散型关系的薄弱学校，除了少部分教师参加集团轮岗或者在核心校代课外，绝大部分教师还是在原来的学校，岗位不变、工作内容不变，虽然有干部培训、教师培训这样的集团层面的活动，但是对于抱守几年甚至十几年习惯的干部和教师来说，很难有改变的动力。

2. 管理模式对学生学业的影响

在紧密型模式下，薄弱学校与集团核心校统一管理模式，学生的学业质量快速提升。“我记得第一学期期末统考的时候，三个年级，初一是全区第十三名，初二是全区第二十三名，初三是全区第三十三名，这仨数都有数字三，所以我印象非常深。为什么会是这样的？你想，初三是因为它前面积累了两年，只有半年的影响，相对要慢一点。初二是积累了一年，有半年的影响。初一是来了以后就跟着我们整体的态势往前冲了。最近这两年多少有点儿起伏，但是绝大部分时间都在这个上下。”（H1）学生学业质量快速提升，在另一所紧密型学校 E 学校，也得到了同样的印证。“原来对三、五年级教学质量抽测时，有的学科就在平均线之下。我们接手以后，因为集团抓教学的力度比较大，而且都是那种统一的。比如统一进行质量检测，然后统一判卷。那么在这方面也及时发现问题，及时指导改进。所以他们的成绩第二年就上来了，还是优秀。”（M5）在松散型模式下，薄弱学校的生源现状没有得到根本改善。A 学校和 B 学校的校长都表示，生源有一定的提升，但是与紧密型模式下薄弱学校比较起来，那就不太明显，毕竟能去集团参加游学活动、享受优质资源的只能是少数学生。

3. 管理模式对家长的影响

在紧密型模式下，学校面貌发生变化，也带来家长对学校工作的认可。“家长的心态完全不一样了。接管之前，家长因为挨着东城很近，便能上东城就上东城，不想让孩子去那个学校。接管以后，家长看到了学校的变化，他们的学生和老师也同样有了很多展示的平台，比如他们的腰鼓、舞龙等特色，都得到了充分展示。所以，等第二年我们再招生的时候，本地的孩子就明显增多了，一年比一年多。”（M5）C 学校加入集团化办学以后，家长的认可度也是大幅提升，最直接的体现是学生数大幅增加。“他们的学生数之前是 1500 多人，现在最起码两千六七百人，多了 1000 多人。”（CA2）从摇号上学也能看出家长的认可。“现在要想上这个学校也挺难的，他们同学里，小学六年级的时候好几个报名了，都没有排到，那就说是报名的人多了，摇号没摇上。”（CP1）

4. 管理模式对教职工满意度的影响

在紧密型模式下，薄弱学校的改进还表现在教职工对学校的认可度、信任度大幅提升，特别是对管理层的满意度大幅提升，正如C学校的校长所述："你看这四年，我们年年是优秀班。我们的满意度测评也是百分之百满意，好像全区就我们一个学校如此。老师可以说是打心眼里认可，学校整体态势非常好。"（M3）在松散型模式下，管理者和教师都对学校的发展和未来有更多的忧虑，正如A学校的校长所述："目前，因为我的优秀学生在集团核心校，那会不会把我的老师的编制，把我的好的老师完全都调到核心校，我现在不知道。这是我比较担心的一个问题。如果把编制拿走了，或者拿编制不拿人，那么这对我的办学会造成非常大的冲击，因为我的老师就没有地方去。"（H1）B学校的校长表达了同样的担忧："我当然有一个自己的想法，但是现在首先要考虑的是这个学校是否能生存下来。如果整体生源继续这样下去，周边的新学校又不断建起来，那我这个学校的发展点在哪？"（H2）

5. 紧密型模式有利于薄弱学校改进

从以上分析不难看出，在紧密型模式下，教师队伍提升快，学生学业大幅提升，家长认可度高，教职工的满意度也提升。因此，可以说，这种模式能快速实现薄弱学校的改进。B学校在改进过程中两种关系模式都经历过，对比非常明显。"我刚来这儿的时候，总校校长是这儿的法人，我过来做执行校长，那时候的力度跟现在不一样。那时候总校校长是两个学校的法人，他什么事儿都可以一起考虑，包括干部培训、教师培训，那两年就推进得较轻松，势头也好。现在他不做法人了，效果就不行了，我虽然总去，但是有一些那边的具体安排，我也不能事事都去问。"（H2）不难看出，紧密型模式更有利于薄弱学校的推进。

正是看到了紧密型模式下薄弱学校快速改进的效果，松散型模式下薄弱学校的干部和教师，表达了对紧密性管理模式的认可与期望。大家认为C学校、D学校和E学校之所以改进成功，首要的原因是薄弱学校与核心校构成了紧密的关系。"加入集团之后一下子就不一样了。上级主管部门安排核心校副校长来做分校校长后，给分校的管理带来特别大的便利，这样可以把两所学校的学生、老师都整合起来。所以那个分校一下就发展起来，而集团的其他分校之所以发展没这么快，实际上是因为没有这样一个机制。”（Z3）

访谈中，大家也都认为，如果没有这样的紧密型模式做基础，薄弱学校很难发展起来。核心校校长每天面对繁琐的工作，任务已经很重了，如果没有类似于兼着法人这样的关系模式做基础，核心校校长很难把精力用于薄弱学校改进。因为对核心校校长来说，薄弱学校改进肯定不是他工作中最急迫的事情，好些还是上级压的任务。所以，有的核心校校长把薄弱学校加入集团化办学就定位为挂一个核心校的名，不关乎核心校多大事情，或者认为薄弱学校加入集团化办学顶多是带来生源的增加，没有要改进薄弱学校的动力和紧迫感。在这种情况下，薄弱学校校长就是想大力改进，也会出现心有余而力不足的情况。正如颇有体会的一所薄弱学校的校长所说：“我虽然总去，但是有一些那边的具体安排，我也不能事事都去问。这种情况下，完全在于薄弱学校的校长，他要是很积极地推进，可能争取核心校的资源就更便利一些。如果被拒绝了两次或者碍于面子的问题，有些可能就争取不来。”（H2）访谈中，社会人士对此表达了非常一致的看法：“我原来还听说，有个集团校的校长说，分校的校长都是集团派出去的。所以我觉得从集团安排各个分校的校长，可能对于落实集团的管理和文化会更好一点。好多集团都是集团派分校校长，最起码是执行校长。”（Z5）因此，有的社会人士甚至更直接地认为，核心校校长兼任薄弱学校校长的模式最有利于薄弱学校改进。但是，同时我们也要看到，核心校校长的精力也是有限的，兼任所有薄弱学校校长对核心校校长来说也不现实。可以在薄弱学校起始阶段，在改进薄弱学校的关键时刻，由核心校校长兼任薄弱学校校长，当把薄弱学校带入改进的正轨后，再另行任命核心校其他管理者做薄弱学校校长，不失为实现薄弱学校快速改进的策略之一。

因此，紧密型模式下的教育集团通常具有更加统一的管理和决策机制，能够更好地协调和整合教育资源，实现资源优化和共享。对于薄弱学校来说，这种模式下的教育集团可能会提供更多的资金和其他相关支持，促进学校教学设施的建设和师资力量的提升，乃至学校整体教学水平的提升。松散型模式下的教育集团通常具有更高的灵活性和自由度，各个学校的自主权和决策权相对较高。但对于薄弱学校改进提升初期而言，需要强有力的资源注入与制度完善，促使薄弱学校进入自我“造血”的良性循环。因此，从组织结构的视角来看，薄弱学校与核心校所建立关系的紧密程度是影响薄弱学校改进的主要因素。两者的关系越紧密，越有利于薄弱学校改进。

（二）人力资源重构

人力资源重构有利于激活组织活力。提升人力资源管理是薄弱学校改进的必由之路。五所样本校为了实现改进，也在人力资源方面做了大量的工作。通过访谈和资料分析，发现改进效果明显的样本校在人力资源重构方面有以下共同点：校长有核心校工作经历、校长在学校改进的不同阶段采取不同的领导策略和重视教师的团队建设等。

1. 管理团队重构

（1）校长有集团核心校工作经历。通过访谈和分析发现，薄弱学校改进比较成功的学校校长都来自集团核心校，都有集团核心校的工作经历。正如社会人士所说：“有些教育集团把总校的主任或者副校长直接派到分校去做校长，这种方式实际上对于贯彻总校的那些理念、管理方式是最有利的。”（Z4）这种有利主要体现在以下两个方面。

一方面，对核心校的办学理念非常熟悉。校长作为学校管理工作的中枢与灵魂，其办学理念决定了学校发展的方向。“当然，即便是集团化办学，最终还是要看各自的想法，尤其是与校长的理念分不开。集团化办学只是一个外力的影响，但归根结底还是内在的东西起决定作用。也就是说，取决于校长想不想发生变化、想发生什么样的变化，其主动性是最重要的。”（Z1）薄弱学校校长的办学理念来源于其学习经历和工作经历。集团化办学的目的，是通过集团核心校带动薄弱学校的发展。薄弱学校校长如果有集团核心校工作的经验，那么其对集团核心校办学理念的深刻理解，有利于引领薄弱学校朝着核心校办学理念迈进。反之，薄弱学校校长如果没有集团核心校的工作经历，则不利于带领薄弱学校实现改进。“比如像我们这种松散形式的，我原来对于集团的教学管理和德育管理一概不知。我首先需要学习，才能谈得上把这些理念在薄弱学校践行以改进薄弱学校。”（H1）而且，在践行的过程中，由于没有亲身经历过，必然有个探索的实践过程。因此，薄弱学校校长如果有核心校工作的经历，对带领薄弱学校快速改进来说优势相当明显。

另一方面，方便与集团的沟通。薄弱学校加入集团化办学后，很多方面是需要跟集团进行沟通协调的。薄弱学校校长如果本身有核心校工作的经历，那么他对核心校的组织架构、职责分工和主要的日程安排非常清晰，对人员也非常熟悉，需要与核心校对接时，他可以直接找到对接的人员，工作起来较为轻松，不会在沟通方面耗费不必要的力气。相反，薄弱学校校长如果来自其他学校，对核心校本身也不熟悉，那在沟通方面就会耗时、耗力、耗心。这也是有的薄弱学校加入集团化办学后，改进不太理想的原因之一。正如一所薄弱学校中层干部所说：“以前我们校长，不是从集团出来的，沟通成本高；现在的校长本来是集团的副校长，她知道遇到什么样的问题该找谁，找对人了就省事多了。”（CA2）

正是对核心校办学理念的清晰和人际关系的熟悉，薄弱学校来自核心校的校长，从工作伊始就占据了主动，在薄弱学校改进过程中抢占了先机。

（2）校长在薄弱学校改进的不同阶段采取不同的管理策略。即使同是从集团核心校外派到薄弱学校当校长的，不同薄弱学校改进的状况还是相差很大。经过分析，发现跟薄弱学校校长本身的领导力，特别是校长在不同阶段采取的领导策略有关系。薄弱学校非一日所成，有它日积月累的问题。要改进这些问题，需要校长有胆识和魄力，特别在薄弱学校改进的初期，如果校长这个时候采取民主的管理策略，非但改变不了薄弱学校的现状，而且容易被薄弱学校的教职工牵着鼻子走。因此，薄弱学校校长上任后，要明确认识到这种现状，在不同阶段采取不同的管理策略。一般而言，在起始阶段需要雷厉风行的领导风格；在问题得到扭转后，再采取民主的风格，让教职工心服口服，建立稳定的信任关系；在问题基本解决、管理理顺后，就应该发挥教师的自我管理能力，调动教师的积极性，在这个阶段，二者兼有的混合型领导风格就比较合适。C 学校的改进成功，正好诠释了薄弱学校校长在薄弱学校改进的不同阶段采取不同管理策略的重要性。在加入现教育集团前，C 学校隶属于另外一个教育集团，其间，C 学校除了换了一个校名外，其他方面几乎没有改进；换了现在的教育集团后，C 学校的改进可以说是突飞猛进。在这一年中，教师和学生几乎没有变化，变化的是校长。C 学校校长分享了她在薄弱学校改进的不同阶段是如何使用不同的管理策略的："现在说起来很简单，其实做起来很难。老师开头不认可，以各种方式反对。然后当时我们就定位为三个阶段。第一阶段是暴风骤雨似的，全做硬性要求。因为那时候说没用，老师就觉得自己也不想多挣钱，维持现状就挺好，然后也不想争优争先，所以大家就这么一个想‘躺平’的心态。我就很明确表态，你要么走，要么留。走的话，一律都不扣钱。所以面对当时的现状，必须非常果断、雷厉风行才行的。"在学校基本面稳定、形成了改革的趋势后，面对教师超编、可用的教师不足、教师工作积极性不高等老大难问题，C 学校校长采取了比较民主的做法。"我亲自找他们谈话，让老师自愿选择。告诉他们，去留可以自愿选择，选择走的，不拦着，也不会因为合同不到期为难要走的人；选择留的，能教课的，学校提供教学岗位，上不了课的，学校给提供其他岗位。我们当时觉得还是比较成功：就是跟他谈，尊重他的选择，选择留下就得好好干，就得发挥正能量，就得尽全力。”（M3）通过民主的管理风格，做通教师的思想工作，让教师自己选择，这就从根本上改变了教师队伍现状（有能力的教师课时满了），以前没人干的活儿也有人了。民主的管理风格，还体现在了解教师诉求、帮助教师解决问题上。“光硬性要求不行，不能只提硬性要求，得有柔的时候。了解老师的困难，征求大家的意见，解决了很多共性问题，比如老师的吃饭问题、停车问题、周边环境问题等各方面，这样老师也确实觉得校长挺听他们的声音的，也挺感动的。”“后面，我这块儿的工作同管理干部、教代表商量多，毕竟他们更了解学校的具体情况，有的特别难办的、需要唱黑脸的事情，我也得上，职责所在。第二个阶段是润物无声。开始实施多方面征求意见基础上的管理，让老师从内心接受，让老师觉得很有奔头。第三个阶段是水到渠成。这三个阶段持续的时间不长，但变化还是非常大的。”由此看出，C 学校的改进成功，与校长在不同阶段采取不同的管理策略密切相关。

同样，改进比较成功的 D 学校，在刚刚宣布加入集团化办学后，校长就采取了师资队伍调整策略：理化生学科设置专职实验员和部分老教师调整到二线岗位，把一线岗位让给年轻教师。正是这种硬性要求和策略的推进，撼动了薄弱学校多年的积习，让薄弱学校改进有了好的开端。同样的，学校工作基本稳定后，校长在随后的骨干教师交流轮岗和教师办公室的搬迁等方面又充分征求教师意见，满足教师诉求，采取了非常民主的策略。正是在不同时期采取不同的管理策略，确保了薄弱学校改进的顺利推进。

有的薄弱学校校长为了走近教职工，在上任伊始就采取了民主的策略，管理上征求教师的意见、听教师的诉求。但是，薄弱学校的现状决定了大部分教师安于现状、不想改变、不想付出，这时候采取民主的策略就不可能做成事情，更谈不上强有力推动工作，这是薄弱学校改进不成功的原因之一。

2. 师资队伍重构

（1）重视教师合理需求。人与组织相互依存。组织有可能令人疏远、使人丧失人性或者令人倍感挫折。在这种情况下，人的才能被浪费，组织的活力被破坏；前者不断离开或者对抗后者，甚至耗费大量的时间和精力去破坏后者。薄弱学校教师“有能力的调走，没能力的不断抱怨”（Z3），其实就是薄弱学校这个组织在发展中并没有让身处其中的教师产生成就感导致的。组织的成立与发展要以满足人的需求为根本，但满足组织需求却不是人存在的目的。人与组织彼此影响，组织的发展依赖人的技能、知识、活力，而人则要通过组织获得发展机会、薪酬等。在薄弱学校中，教师专业化发展受到限制；工资比核心校同等工作量的教师少；职称评定和评优评先的名额少、机会少。因此，明确教师的需求等人力资源方面的问题并加以解决，有利于推动薄弱学校改进的进程。

第一，重视教师专业化发展需求。人在组织中的第一需求是事业，有了事业才谈得上薪酬和机会。因此，通常情况下，与教师事业密切相关的教师专业化发展居于教师所有需求的第一位。薄弱学校教师的事业需求更是薄弱学校改进中的核心关注点。薄弱学校教师的专业化发展，既有课时是否能满足各类主管部门的基本要求和班主任承担的工作等涉及工作量的因素，也有日常的同头备课和教研组活动等因素，更有教师参加各类培训和展示的机会等因素。

“课时不满。因为学生少、教师多，大家都得有活儿干，所以绝大部分学科的课时不满。”（ET1）这是绝大部分薄弱学校面临的第一个教师专业化发展方面的需求。教师的课时量不仅仅影响教师工资，也影响到教师的职称评定和骨干评选等多类专业评审。“我们这儿一个班只有一二十人，这样一个年级也才两个班。”（BT2）这样的状况会给班主任带来工作量界定和班集体建设的问题，涉及教师的基本工作量。当薄弱学校不能解决这些基本工作量问题时，有能力的教师往往调走，而能力欠缺的教师又引得学生和家长的不满，从而导致生源减少，这是薄弱学校持续走下坡路的表现。依托集团化办学后，这个问题基本得到了解决。“一部分老师到集团核心校交流轮岗，留下的老师就能尽量确保满工作量。班主任工作方面，轮岗过去的老师一个班 40 多人，现在我们学校这边也合班了，一个班也 30 人左右，比以前多了，这起码解决了工作量的问题。”（DT2）

对于日常的同头备课和教研活动，从访谈来看，不管是管理者还是教师，都认为由于生源的差异，没有办法同头备课。“目前同头备课很少，因为校际差异太大了，我们曾经跟着他们，试图一起备课，结果发现我们跟不上他们，因为他们讲得进度比较快、知识比较深，跟我们学生的需求不一致。他们更多是拔尖创新人才，而我们更多的是要解决基础的问题，所以是备不到一起去的。老师感觉到备课的实际收益比较小，后来我们就不再安排了。”（BT2）在 D 学校有的学科也发现了同样的情况。“他们觉得初一的学生跟咱们的差距一下子拉开之后，备课备不到一起。因为原来在我们那一届初三的时候，差距还不是太大，所以老师还是能够有借鉴的地方。现在两边学生索求不一致了，合作就会搁浅一阵子。”（DT2）经过深入了解，发现凡是备课或者教研活动不在一块儿的，恰恰是改进不理想的学校或者校内改进不理想的学科。因此，依托核心校，通过多种方式，帮助薄弱学校教师加强备课教研是进一步满足教师专业化发展需求的有效手段。

第二，重视教师的工资需求。从样本校来看，C 学校和 D 学校实现了与核心校在课时费、班主任费和加值班费等费用上的一致，基本满足了教职工对同工同酬的诉求。对于有轮岗的 A 学校，同样也满足了教师这方面的诉求。“工资课时费上，基本上就是他们那边报课时给我。我按照这边的工资标准给老师发工资，没有按照集团的工资标准。除了这个之外，还有一个对轮岗老师的补助，大概一个月有 400 多元，然后还有一个年终的突出贡献奖，这样算下来之后，轮岗老师的工资基本上就不会受影响，基本跟集团对齐了。”（AG2）B 学校也采用了同样的做法。两所学校的轮岗教师都认为：“轮岗有压力，也有动力，人多了，要求高了，压力肯定大，但是比以前挣得多了，即使辛苦点也很开心。”（BT3）因此，尽管有历史因素，薄弱学校在改进中还是要考虑到教师的工资诉求，特别是有了比较对象——集团核心校以后，对于教师对同工同酬的需求，需要管理层更应重视。

第三，重视教师的机会需求。薄弱学校教师在职称评定和评优评先上与核心校比较起来，比例低、名额少。“合了（加入集团化办学）后，希望职评的指标能多点儿，以前一级指标太少了，连着两年都没有，有也是一两个，好多人条件都够了，还压着呢。”（DT2）只有使教师的这些需求逐步得到满足，教师才会更全力以赴地投入工作。同时，这些需求的满足也让年轻教师看到希望，进而更加努力工作，客观上促进薄弱学校改进。此外，教师的用餐、停车等其他需求，也是需要关注的，正如 C 学校校长分享的，由于关注了教师的这些需求，满足了教师的这些需求，教师很感动，所以乐见并主动配合学校的改革。

（2）重视教师人际关系的建设。第一，重视融合团队的建设。人力资源的视角既关注人与组织的关系，也关注人与人之间的关系。由于个体的人际关系是日常组织生活的中心要素，因此，组织中人与人之间的关系对于个体的满意度和组织的有效性具有重要的意义。人际关系管理包括激励、影响、促使他人成长、促进变革、管理冲突和团队合作。深度融合的团队里，个体之间能互相激励、互相影响、共同成长，能很好地自我管理冲突，实现团队合作。薄弱学校薄弱的表现之一就是校内人际关系带来的教师满意度低和学校的办学效果差，其根本原因在于教师之间很难互相激励、互相影响，团队合作受“由于一个学科就一两个人，没法同头备课”（ET1）这样的客观条件的限制。因此，如果在薄弱学校和核心校教师之间建立起深度融合的团队，教师之间就能互相激励、互相影响，共同提升学校的办学效益。通过样本校的访谈发现，C 学校经过三年实现了薄弱学校教师与核心校教师的深度融合——统一管理、教师交叉使用，使 C 学校改进非常成功。

同样的，D学校也是一开始就把两校放在一个校区，从地理空间上提供深度融合的客观条件，使运行不到一年的D学校的改进逐步得到了上级主管部门和社会的认可。反之，如果没有建立起深度融合，薄弱学校教师到核心校感觉“总像做客一样，自己不是主人”（BT1），这种状态很难实现教师之间的互相激励和影响，一般这样的薄弱学校改进不会太成功。因此，建立薄弱学校与核心校教师之间深度融合的团队有利于薄弱学校改进。

第二，重视教师的非正式角色。人力资源的视角认为，在团队人际关系中，每一个人都有正式和非正式两个角色。如果一个团队成员没有非正式角色，他就会觉得不满、沮丧和低效。正式角色一般是由职务和工作性质决定的，每一个团队都需要明确的任务角色划分，以便团队成员能各司其职，任务完成后角色的划分通常都会发生变动。非正式角色主要是考虑到团队成员有不同的兴趣、技能和热情度。只有人尽其才，团队的工作才会更为有效。

人尽其才其实就是把团队成员放在合适的位置，关注的就是团队成员的非正式角色。薄弱学校教师不管是留在原来的学校，还是轮岗到核心校或者到核心校代课都有压力。这些压力主要来自教师的正式角色，而释放压力的方法之一就是充分重视教师的非正式角色，通过人尽其才让教师找到自信、减轻压力。D学校在教师竞聘上岗的环节，把对劳技课感兴趣、擅长手工、带领教师手工社团的英语教师调整到劳技课岗位；把具有高级职称、对生物实验特别感兴趣、带领学生生物实验社团的教师调整去做专职实验员。这些调整关注到了并充分利用了教师过去工作中的非正式角色，使教师满意度得到提升，学校工作推进也变顺畅。C学校在干部调整的时候就充分利用了他们的非正式角色。“原来这些干部的压力很大，他们抓一个校区，可能抓不上来，或者说学习理解集团的经验做法、工作模式不到位，这样可能就出不来效果。那我们就先看他们之前主要跟哪部分教师交流比较多，班主任、任课教师还是二线人员，结合他们平时管理工作以外，对哪些部门工作比较感兴趣，然后再把他们放到集团，让他们在各自比较感兴趣的领域，在集团干部的带领下，熟悉集团的办学理念。”（H3）由此可以看出，重视教师的非正式角色无论是对薄弱学校改进中教师岗位的安排还是干部岗位的匹配都非常重要，是薄弱学校改进能否成功推进的关键因素之一。

因此，在人力资源重构方面，薄弱学校主要领导有核心校工作经历，在学校不同的改进阶段使用不同的改进策略，重视教师专业发展和对工资、机会等方面的合理需求，关注并合理利用教师在学校中的非正式角色和有意识地打造融合团队，均有利于薄弱学校的改进。

（三）权力配置优化

权力配置优化有利于改善资源配置。在学校的实际管理工作中，对于资源的倾斜是经常遇到的难题，作为管理者要正视这种现状。特别是在薄弱学校某些资源不足的时候，需要领导者从权力配置的视角分配好资源，才能确保薄弱学校的改进。通过访谈和分析资料，从权力配置的视角来看，争取政策倾斜和管理好冲突有利于薄弱学校的改进。

1. 争取政策倾斜

集团化办学本身就是对政策反应的结果，是政府主导下推进的，其本身充分体现了政策的导向。上级主管部门的政策导向，可以在资金支持、编制制定、工资标准和招生政策等多个层面，较大程度影响学校的管理模式、教师待遇、学生来源。在优质教师和学生有限的情况下，薄弱学校要想改进，首先就需要争取到政策的支持。

E 学校的迅速改进就是争取政策倾斜的最好范例。他们通过校园文化建设争取到了专项资金的支持。还通过区政府解决民生问题的政策，把停车场收回，变成学生的操场，实现了办学条件质的飞跃。如果没有这些政策倾斜，后续的教师交叉任职很难实现，家长也会因为学生没有运动场地而作出到其他学校上学的选择。同样的，D 学校争取到了上级主管部门关于办学场地的政策支持，使学校顺利搬入新校区，实现了学校办学环境的优化。反之，如果没有政策的强有力支持，薄弱学校的改进非常困难。B 学校面临生源问题，因为没有相关政策支持，周围的学生都去了附近其他办学条件好的学校或者新成立的优质学校，学校即使加入了集团化办学，依然面临学校发展的困境。A 学校在评价考核方面的担忧，也是因为没有政策支持。因此，争取到急需的政策倾斜非常有利于薄弱学校改进。

2. 管理好冲突

权力配置的视角有一个基本前提，即在资源严重匮乏且存在多元利益的前提下，不可避免地会形成矛盾。也就是说，组织拥有的资源是有限的，不可能同时让多方需求得到满足，冲突必定要发生。权力配置观点指出，不能因为出现冲突而认定发生了偏差或是出现问题。权力配置视角的焦点不在于如何消除冲突，而是要想办法发挥出冲突的作用，要利用好冲突，制定合理的策略，并及时进行策略调整。冲突有两面性，向现实发起挑战，能唤醒组织的好奇心，使之产生兴趣，采取更为有效的方法解决问题，促进新思想的诞生，为创新带来驱动力。因此，要重视冲突管理，只有管理好冲突，创新精神与创新意识才会被激发，才能让组织在发展中保持活力，增强环境适应能力，提高效率。在薄弱学校改进的过程中，冲突处处都在：有限的生源与教师希望满课时之间的冲突；教师希望多跟着核心校的教师学习培训与自己工作时间有限的冲突；薄弱学校希望核心校骨干教师多来指导与核心校骨干教师因任务繁重抽不出时间的冲突；等等。通过访谈，凡是对这些冲突进行了有效管理的，就能带来新的工作机制，提升工作效率；相反，没有对这些冲突进行有效管理的，就不可能实现薄弱学校改进。在面对有限的生源与教师满课时之间的冲突时，D 学校采取了临近退休教师转顾问岗、高级教师专职做实验员和部分教师轮岗到其他学校的有效冲突管理方式，在教师超编管理方面实现了创新，教职工在新的岗位上也能更高效地工作。在面对教师希望多跟着核心校的教师学习培训与自己工作时间的冲突，C学校采取了全景浸润式的跟岗学习培训方式。因此，有效的冲突管理有利于薄弱学校改进。

从权力配置优化来看，在资源有限的情况下，政府主管部门和集团对薄弱学校政策上的适度倾斜和薄弱学校内部管理好资源有限带来的冲突，均有利于薄弱学校的改进。

（四）组织文化重塑

组织文化重塑有利于达成合作共识。文化是围绕共同的价值观和信仰来提高组织凝聚力的黏合剂，能对组织内成员起到引领作用，指导他们把事情做好。通过组织的象征符号，可以清楚地揭示并传播组织的文化。神话、故事和庆典都是组织文化的象征符号。由于薄弱学校改进的复杂性和模糊性，从文化的视角来审视，能增强凝聚力，使目标更加清晰。通过访谈和分析发现，共同的显性文化符号和适当的仪式是实现文化认同的有效策略，有利于薄弱学校改进。

1. 塑造共同的显性文化

在表层物质文化层面，采用与教育集团统一的标识，包括统一添加教育集团名称、统一加挂教育集团名牌、使用与教育集团一致的校服、校徽等，能加强薄弱学校师生的归属感。C学校所在的子集团，在微信公众号上直接使用了原来两个单位的名称，大大增强了师生的归属感。薄弱学校在校园建筑立面、公共空间和生态环境等方面采用与教育集团比较一致的设计语言，让薄弱学校的教师在日常工作中形成与核心校一致的视觉文化体验，不断加深融入教育集团的综合体验。

2. 举行适当的仪式

仪式作为文化的象征符号之一，使我们的日常生活具有意义。依靠仪式和庆典，一定程度上可使事物有序、清晰且可预测。庆典是更宏大、更精致，但不太频繁举办的仪式。仪式记录着我们生活的特殊时刻，可以激起人们的想象力并强化信仰。仪式既可以维护现状，也可以激发创造性。因此，在薄弱学校加入集团化办学的过程中，有的学校举行更名仪式，有的举行挂牌仪式，有的与核心校一起举行开学典礼，有的将干部培训、教师大会放在一起举办。从访谈中，薄弱学校的干部和教师，都对这些仪式印象深刻，增加了薄弱学校教师的归属感。同样的，没有这样仪式的薄弱学校的干部、教师，也表达了希望有增进这样归属感的仪式。因此，与核心校一起举行适当的仪式，有利于薄弱学校的改进。

3. 组织故事分享

故事和神话体现组织的价值观，价值观界定了一个组织的身份，传递出了组织为实现自身目标所遵从和承诺的品质。故事既有趣，又具有道德和指导意义。规则往往带有胁迫性，但故事中的寓意则常常是有趣的、润物无声的。通过讲故事，人们可以清楚地明确一个组织相信什么、需要什么。通过讲故事，向组织内部和外部的人传达组织的价值观与认同感，因此能有效建立信心和获取支持。E 学校通过党支部牵头，组织师生分享“我在学校的成长故事”；C 学校则是在“全体会时间，由变化大的教师分享自己加入集团化办学后发生的变化”（CT2）；D 学校举办了“我的育人故事”分享会。这些学校都是通过组织故事分享以期达到统一思想、凝聚共识的目的。这个过程传达了学校的价值观，在潜移默化中塑造了文化认同，特别是隐性文化的认同。

4. 处理好文化传承与创新的关系

核心校组织文化是集团化办学整体特色的起点，薄弱学校应当本着大部分接受、少部分融合、个别存疑的态度来对待。但是，在这一过程中，要注重避免“急于求成”和“千校一面”现象。薄弱学校在区位、历史和传统等方面有其特色沿袭，所以，在加入集团化办学后，若在校园风格、校服制式等方面过分强调趋同，容易引起水土不服的反噬，从而误入文化建设的误区。D 学校在实施与核心校初中部一址办公的过程中，对于学生穿校服的规定，一开始完全使用核心校的规则——周五学生可以不穿校服，带来了家长和教师的不理解和反对，这与D学校长期的历史发展密切相关，也与德育主管部门在校园文化建设上急于求成有关。因此，要想有利于薄弱学校改进，要处理好传承和创新的关系。

因此，与核心校一致的标识（logo）和学生校服等统一的显性文化、一起开展的开学典礼和表彰大会等仪式典礼、与集团同成长的故事分享等组织文化重塑行为均有利于薄弱学校改进。当然，在文化重塑中也要注意平衡好薄弱学校历史特色的传承和与核心校融合后形成新文化的创新之间的关系。

（五）集团规模差异

1. 大规模教育集团优势明显

大规模教育集团的资源和能力更为强大，有更多的资金、师资、教学设施等方面的优势。因此，对于薄弱学校来说，加入大规模教育集团可以享受更多的资源，得到更多的支持，提升学校的教学质量和师资水平。C学校和E学校都是纳入大规模教育集团的薄弱学校，都在教研支持、轮岗支持、管理支持等方面获得了较多的资源溢出，其平均改进表现，都不弱于小规模的教育集团。

2. 小规模教育集团更灵活

小规模教育集团通常管理层次较少，决策速度更快，适应各种教育环境的能力更强。对于薄弱学校来说，加入小规模教育集团可以更好地享受定制化服务，更快地解决学校面临的问题。D学校所在教育集团为成立较晚、规模较小的教育集团，D学校表现出了高度定制化服务下的改进提升，扁平化的管理、高频率的轮岗等都促成了学校的融合提升。

因此，教育集团规模与学校自身规模和需求的匹配度也是影响改进提升的重要因素。过大的教育集团可能无法有效地管理和服务于每个学校，过小的教育集团又可能无法给每个学校提供足够的资源支持。因此，对于薄弱学校来说，规模与自身匹配的教育集团更能有效地促进其改进提升。

（六）集团成熟度差异

1. 成熟度较高的教育集团

一方面，成熟度较高的教育集团通常有更加完善的办学理念、管理制度和更加丰富的教育资源，能够更好地为薄弱学校改进提供支持。例如，C学校所在教育集团可以通过提供师资培训、教学改进、技术支持等方式，帮助C学校提升教学水平，提高学生综合素质。另一方面，教育集团品牌的影响力差异，可以在很大层面解决薄弱学校在招生方面的问题，从而在根本上改变薄弱学校的基本生态。A学校和E学校都通过纳入影响力较大的教育集团，实现了在校生源约30%的增长。

2. 成熟度较低的教育集团

一方面，成熟度较低的教育集团自身可能尚缺乏足够的经验、资源，无法提供有效的支持和帮助。B学校所在教育集团核心校的教育教学质量就尚未达到有口皆碑的社会认可度，其集团化办学周期短，整体办学成绩有限，自身尚未达到发展资源溢出的阶段，且与成熟度高的教育集团相比，B学校所在教育集团在集团层面缺少督导评价部门和研训部门等顶层架构，因此对B学校帮助有限。另一方面，成熟度较低的教育集团无法帮助薄弱学校获得更多社会层面的影响力，或者教育主管部门的政策倾斜，特别表现为B学校的学校硬件基础设施长期缺乏持续更新。

从分析来看，集团的成熟度也会影响薄弱学校改进的成效。成熟度高的教育集团更有利于薄弱学校的改进。

（七）校际关联差异

1. 学校之间地理距离差异的影响

核心校与薄弱学校在地理空间上距离的差异，是在薄弱学校纳入教育集团时容易被忽视的重要因素。成员校际的地理距离，直接决定着校际资源流动的速度和文化融合的速度。相距较近的学校，校际管理层交流、教师轮岗和学生活动等机制的实施成本较低。例如，C 学校与子集团核心校距离仅为三千米，管理层可以进行高频交流协商；教师可以实现共同备课、共同培训和共同办公；学生可以轻松实现大范围的共同活动。相距较远的学校，校际的交流、融合的成本大大提高，特别表现在管理、轮岗与生源方面。B 学校到核心校的距离超过十千米，管理层间的协商沟通频次远远不及距离较近的学校；教师轮岗上的交通成本压力，大大阻碍了教师间的交流，也无法实现共同培训与教研常态化；生源间的巨大差异，更限制着教学课程的统一制定与统筹设计。因此，薄弱学校与核心校之间地理距离越近，越有利于薄弱学校改进。

2. 学校之间教育目标差距的影响

学校之间的目标差异会影响改进策略的制定。如果成员校之间的教育目标存在差异，那么制定改进策略时需要考虑到这些差异，以便制定出适合所有学校的方案。否则，一些薄弱学校可能会被忽略或者被强加了不适合他们的方案，从而导致改进效果不佳。A 学校的生源与集团核心校差异较大，在历经与核心校的共同备课和共同培训实践后，明显感觉到双方在教学需求和授课进度等方面的不同。核心校更多关注拔尖创新人才的培养，而 A 学校更多关注的是如何夯实学生基础，双方无法简单地实行“一刀切”的教育资源共享和一体化教研，最终也就不再安排双方共同教研。同时，学校之间目标差异会影响评估改进效果的标准。一些薄弱学校可能会被高估或者被低估，从而导致改进效果被高估或低估。薄弱学校与核心校教育目标差距越小越有利于薄弱学校的改进。

3. 学校之间组织文化差距的影响

与核心校之间的组织文化差异是影响薄弱学校改进效果的一个重要因素。一方面，组织文化的差异会影响学校的管理和运营。如果薄弱学校与核心校的组织文化差异较大，那么可能会导致学校管理上的不协调和不稳定，影响学校的改进效果。例如，如果薄弱学校的组织文化强调自主管理和灵活性，而核心校强调集中管理和规范化，那么可能会导致学校间管理上的矛盾和冲突。在C学校改进初期，管理层就对不契合教育集团文化理念的人员进行了调整或培训，使得薄弱学校在文化理念上融入了集团。另一方面，组织文化的差异还会影响学校的教育理念和育人模式。如果薄弱学校与核心校的组织文化差异较大，那么可能会导致学校的教育理念和教学模式无法与核心校协调，从而限制了学校的教育发展。例如，如果薄弱学校的组织文化强调传统教育模式，而核心校强调创新教育模式，那么可能会导致学校无法有效地引入新的教育理念和教学模式。因此，薄弱学校与核心校之间组织文化越接近越有利于薄弱学校的改进。

因此，为方便薄弱学校与核心校之间的联系，薄弱学校与核心校之间距离越近，越有利于薄弱学校改进；薄弱学校与核心校教育目标差距越小、组织文化越接近，越有利于薄弱学校的改进。

（八）学校自身基础

1. 学校教师队伍年龄结构

在薄弱学校改进中，薄弱学校教师队伍的年龄结构，是影响学校改进成效的要素之一。平均年龄越小，即年轻人越多，改进效果越好。从教育创新能力看，年轻教师通常具备更强的教育创新欲望及落地执行能力，敢于超前探索、不断试错、迭代提升，不断引导学生探索新的学习方式和解决问题的方法。薄弱学校由于长期处于超编状态，连续多年没有年轻教师加入，而老教师普遍缺乏创新能力与创新勇气，更多埋头于基础业务，缺乏知识与技能的持续更新。A学校教职工平均年龄为43岁，B学校教职工平均年龄为41岁，远远高于其他几所样本校教师的平均年龄，且这两所学校连续三年没有年轻教师进入，教师整体年龄偏大是其改进效果不理想的主要原因之一。

2. 区域生源条件

薄弱学校的生源差异，也是影响改进效果的重要方面。一方面，生源差异太大，会导致薄弱学校教学目标与教育集团原有目标大大不同，从而致使薄弱学校无法简单地复制集团核心校既有的教学经验和教研课程，集团为此需要额外打造适合薄弱学校学生的定制服务，消耗了更多的成本与精力。另一方面，生源差异也反映出学生家庭背景差异，引申为家庭教育方面的差异。对城乡结合部、待拆迁地区等区域的生源，还需要教育集团进一步补充家庭教育方面的指导，正确引导家长参与学生的全方面教育。A 学校生源多来自打工子弟，其教育目标肯定与集团核心校（京籍学生的占比非常高）的培养目标不太一致，B 学校生源多来自待拆迁地区，也难以通过安排部分学生到核心校游学等活动实现学校的有效改进。

因此，从薄弱学校本身的基础条件来看，教师整体平均年龄越小，越有利于薄弱学校的改进；学校所服务片区本身的生源质量越高，越有利于薄弱学校的改进。

第五章　集团化办学背景下的薄弱学校改进建议

本书通过系统分析得出了薄弱学校发生的变化、实现改进的机制、需要处理好的重点问题和影响薄弱学校改进效果的要素等四个基本结论，在此基础上，笔者从组织重构理论的四个视角出发，提出加快组织架构的完善、优化人力资源的统筹与开发、促进权力配置的多元与均衡，以及推动品牌文化的融合与创新等四个方面的建议，以实现薄弱学校改进。

一、加快组织架构的调整与完善

（一）注重集团层面的顶层组织结构设计

1. 搭建集团层面紧密高效的组织架构

在政府政策推动下，集团在成立之初，就形成与集团成员校之间，“总-分”或“母-子”等类型的紧密关系，以实现对成员校切实的管理决策权，从而贯彻执行品牌共铸、资源共享和合作共赢的集团化发展模式。

2. 强化集团层面薄弱学校扶持的部门设置

在教育集团层面，专设部门或者办公室，利用核心校及外部资源，对薄弱学校开展同品质支持。具体而言，借助集团整合的全部优质资源，重点在课程辅助研发、服务教师发展和考核评价等方面，以专业力量对核心校如何帮扶薄弱学校提供指导和评价，为薄弱学校负责人及管理团队提供辅导支持，为薄弱学校教师培训、教师教研和教师科研等教师的专业化发展提供支持。

3. 保持合理适度的组织规模

政府部门要严格把控集团规模的扩张。网络规模对组织创新绩效的影响可以用倒 U 型曲线描述，即网络规模在即将进入临界点时，网络规模与从前相比明显更大，组织创新能力也达到顶峰，但超过临界点后，情况就会发生转变。所以，集团不能无限扩大，要把握好度，否则其创新能力将有所下降。

（二）优化完善薄弱学校内部组织结构

薄弱学校内部分工与协调的结构和机制不健全是薄弱学校薄弱的主要体现之一。薄弱学校基于自身特点，通过模仿核心校组织架构，完善自身内部组织结构，是薄弱学校改进的必经之路。对薄弱学校来说，可以通过模仿性同构和规范性同构，模仿借鉴核心校的组织架构。要把重点放在发生变化的岗位职责上，特别是管理人员的岗位职责。补充完善以前没有的，对接集团和集团内其他学校的岗位和职责。在薄弱学校内部组织结构完善时，特别是组织保障的过程中，要充分发挥党组织在攻坚克难中的战斗堡垒作用。

（三）建立核心校与薄弱学校之间的紧密管理模式

从本书来看，改进成功的薄弱学校共同的特点之一就是建立起了与核心校紧密的管理模式。因此，建立紧密型管理模式是组织结构变革的首要任务，也是薄弱学校改进的起点。从实践层面来看，薄弱学校与核心校的关系是否紧密，与主管部门的政策直接相关。因此，为了薄弱学校真正能够实现持续改进，主管部门在制定集团化办学政策时，就需要考虑薄弱学校与核心校的物理空间距离，尽可能使两者在同一学区，确保两者具备建立紧密关系的物理基础。其次需要考虑薄弱学校与核心校的学生培养目标差异和学校本身文化的差异，尽量把目标和文化比较接近的放在一个集团，便于后续薄弱学校与核心校形成紧密型管理模式，同时把薄弱学校的改进纳入集团考核评价体系，制定相关政策予以支持，确保薄弱学校持续改进。

总之，从组织架构来说，薄弱学校与核心校之间需要建立紧密的关系模式，为建成真正的学习共同体打下组织结构基础，使集团功能实现从“构建合作组织”到“持续支持学习”的转变，为薄弱学校的持续改进奠定组织基础。①

二、优化人力资源的统筹与开发

（一）加强集团层面的人事统筹

要发挥教育集团的规模效应，需要给予集团以下五个主要方面的人事统筹权限：一是统筹配置集团内教职工编制及岗位数量。集团对编制及岗位实行集中管理。在编制总额内，集团统筹配置各成员校教职工编制数。二是统筹开展集团内教职工公开招聘。在区教育委员会核定教职工编制与岗位数量范围内，根据集团内各成员校的岗位设置需要和实际需求，由集团统一发布教职工招聘公告。三是统筹实施集团内教职工岗位竞聘。根据集团统筹配置给各成员校的编制及岗位数量，结合各成员校的实际情况，每年由集团统一发布各成员校的岗位数量及要求。集团内全体教职工进行志愿填报，可以选填集团内符合岗位要求的任何岗位（可以跨校区、跨学段）。各成员校按照集团指定的程序与要求，根据教职工的三个志愿分批次进行岗位聘任。四是统

① 张爽:《教育治理现代化视阈下基础教育集团化办学的中国道路》,载《中国教育学刊》,2020 年第 11 期,第 1—6 页。

筹组织集团内教职工职称评定与骨干评选。五是统筹制定集团内教职工薪酬待遇标准。当然，在同等情况下要向薄弱学校适当倾斜。

（二）打造融合教工团队

实施集团化办学后会形成一个新组织，不管从薄弱学校的角度，还是核心校的角度，都面临人员融合的问题。因此，打造融合团队是薄弱学校改进首先面对的问题，要从以下四个方面重点落实：一是要为教师的专业发展搭建平台，满足教师对专业发展的需求，提升教师队伍整体水平。二是要了解不同年龄段的教师在工资、晋升、聘评机会等方面的合理需求，并尽量满足教师这些方面的合理需求。三是要关注教师在学校中的非正式角色，并利用好这些非正式角色。四是要注意教师的年龄结构，利用好相关支持政策，在保证合理年龄结构的基础上，尽量确保队伍年轻化。

（三）破题薄弱学校队伍建设

1. 重视胜任校长的遴选

一是要加快探索薄弱学校校长胜任模型，借鉴国际经验，借助理论与实践模型，搭建更为科学有效的薄弱学校校长胜任模型，确保薄弱学校校长上任伊始就已经熟练掌握多种管理策略，并能在薄弱学校改进的不同阶段灵活使用管理策略。二是要建立起薄弱学校校长遴选机制，针对薄弱学校校长承担变革任务的重要性，鼓励通过公开招聘、考试录取、竞争上岗等遴选方式，选择领导力强的优秀校长担任薄弱学校校长。三是要把有核心校工作经验的干部作为薄弱学校校长的优先候选人。在薄弱学校加入集团化办学的早期，也可以让核心校校长兼任薄弱学校校长，更好地推进核心校文化在薄弱学校的传播，推动薄弱学校改进。

2. 为干部和教师搭建核心校工作的平台

一方面，为干部的交流轮岗和交叉任职搭建平台。薄弱学校干部在核心校的工作经历，会有力推动薄弱学校改进。集团内干部的轮岗交流、交叉任职都是很好的核心校工作经历。另一方面，也要为教师的交流轮岗和跟岗学习提供机会。薄弱学校教师到核心校的跟岗学习，可以具体深入了解核心校办学理念在教育教学工作中的落实。有了核心校工作经历的教师回到岗位后，能更好地带领其他教师推动改进工作。集团有效统筹好集团内教师的交流轮岗，尽量确保给每一名教师提供集团核心校工作的机会。

3. 创造条件实现浸润式教师培养

有条件的集团，可以打破法人界线，实现统一管理。尽可能打通物理空间，把薄弱学校与核心校的同一年级放在同一个校区，视为同一个学校来进行统一管理；安排教师在同一间办公室办公、教授同样的学生，让薄弱学校教师在耳濡目染的环境中，模仿核心校教师的做法，习得核心校的理念，从而提升自己的育人水平。

三、促进权力配置的多元与均衡

（一）努力确保治理主体完备

1. 确保政府在薄弱学校改进这一学校治理场域的存在

首先，政府通过政策引导集团成立，是集团的创办者。其次，在集团治理过程中，政府也扮演着多重角色，既是学校办学水平的评价者，又是集团化办学的监管者，既提供物质资源、人力资源、制度资源支持，又为不同治理主体的合作提供协调服务。因此，必须将政府纳入薄弱学校改进的多元主体治理体系中。作为治理主体，政府在薄弱校改进中要承担好三个方面的重点工作：一是要制定好相关政策。政府在制定集团化办学政策时，对集团的规模控制、核心校的规模和成熟度、对核心校的考核评价和对薄弱学校的政策倾斜都要纳入考虑。在实际设置集团时，还要具体考虑薄弱学校与核心校办学目标和组织文化的相近程度，实地考察学校间的地理空间距离。二是要搭建学校互相模仿学习的平台。要做好过程跟踪，做好调研，善于发现并树立薄弱学校依托集团化办学实现改进的典范，通过研讨会、交流会和现场展示会等形式，推广薄弱学校改进的好做法，让更多的薄弱学校有机会相互借鉴模仿，实现共同改进。三是要对薄弱学校改进开展研究。目前，薄弱学校依托集团化办学实现改进的研究主要集中在学界，由政府层面牵头组织的还很少。政府既有高等院校理论的优势，也有基础教育实践的经验，具备牵头组织研究的条件。政府通过科学研究，透过现象看本质，可以更好地指导集团化办学实践，真正扩充优质资源。

2. 吸引更多的家长参与薄弱学校治理

应通过家长委员会和学校家长会等形式，充分发挥家长治理主体的智慧和价值，构建学校、家庭、社会三位一体的教育网络。特别是薄弱学校加入集团化办学之初，家长的理解和支持是学校改进得以顺利推进和不断取得成效的重要因素。

3. 充分发挥薄弱学校治理结构中学术委员会的功能

依托集团资源，将大学教授、教育智库专家，以及干部培训、教师培训的专业人士等吸纳入薄弱学校改进主体体系，从而为集团的发展提供专业化、科学化服务。

（二）高度注重治理机制完善

1. 高度重视决策机制的完善

从现状来看，对于集团化办学的决策机制，还没有政府层面的相关文件规定。当下集团最高权力机构（校务委员会或管理委员会）的负责人一般由核心校校长担任，各成员校校长是主要成员，决策方式缺乏民主化机制。因此，需要规范和完善集团的决策机制。

2. 着力关注执行机制的构建

政府层面要界定好核心校和薄弱学校的权责内容，集团要界定好领导者、中层管理人员和教师的权责内容，充分激发干部和教师的执行力和创造力。

3. 建立人性化的奖励机制

充分调动集团内学校的工作积极性和创造性，规避集团成员“搭便车”的现象，消解集体行动的困境。

（三）积极争取多方支持

1. 争取主管部门的政策支持

对薄弱学校来说，在改进的初期争取来自主管部门（包括集团）的政策支持非常重要。硬件的改善、环境的改变、到核心校的游学机会、集团内晋升的机会等都需要主管部门政策支持。而这些变化最直观，最能得到教职工和社会的认可。因此，起始阶段争取主管部门的政策支持能快速推动薄弱学校改进。

2. 争取学生家长的支持

家长的支持和认可，是薄弱学校改进的关键。薄弱学校往往在宣传自身、取得家长的理解支持和充分利用家长资源方面所做的工作还不足。因此，建立相关机制，让家长有机会走进改进后的薄弱学校，从而了解并支持薄弱学校的改进，是推动薄弱学校持续改进的重要环节。

3. 争取教职工的支持

薄弱学校加入集团化办学打破了教职工现有的角色和关系模式，产生了不确定性。因此，从这个角度看，教职工本身存在抵触薄弱学校改进的倾向。同时，薄弱学校改进中收获最大的人群是年轻教师，因为他们有了更多的机会和更高的平台。而对中老年教师来说，他们在职称评定等方面却面临更大的压力。面对薄弱学校改进工作的推进，这两类人群一定会有不同的诉求。因此，各个层级的管理者，都要提前预见并处理好相关问题，争取到最大多数教职工对学校改进的支持。

四、推动品牌文化的融合与创新

通过模仿性同构，在实现校服、校徽和校园文化风格等显性文化趋同基础上，集团层面要做好组织文化的融合工作，加快薄弱学校合作性文化建设。

（一）集团层面促进学校组织文化融合

1. 处理好组织文化的传承与创新

因校制宜，满足各成员校，特别是薄弱学校组织文化的实际发展需要。一是要注重集团核心校文化的传承。核心校组织文化是集团化办学整体特色的起点和核心，薄弱学校应当本着大部分接受、少部分融合、个别存疑的态度，对其进行学习及借鉴。二是要注重避免“千校一面”现象，避免用一校代替全体的组织文化建设。在核心校与薄弱学校差距比较大的环节，更不能搞“一刀切”，强行要求一致，容易引起水土不服的反噬，从而误入文化建设的死胡同。三是推动各校因地制宜进行文化微创新，正视薄弱学校在区位、历史和传统等方面的特色沿袭，在组织文化融合中，要去粗取精探索适配薄弱学校学生的创新实践。

2. 实践好校际文化的多元传递

一方面，核心校发挥好文化引领作用。核心校在对自身办学理念与管理文化进行总结与提炼后，将其转化为学校管理制度与办学流程，然后向薄弱学校输出，通过模仿性同构和规范性同构，引领薄弱学校管理的逐步规范，促进薄弱学校改进。另一方面，着力通过校际人员交流促进文化融合，将核心校办学理念与管理文化融入教职工日常工作，通过管理层、教职工的互派、交流、共学等，来实现学校办学理念与管理文化的共享，形成有形资源的附着传递。

（二）加快薄弱学校合作性文化建设

薄弱学校组织文化的建设，会带来教师思路的转换。如何搭建平台帮助教师转换思路是管理者需要重视的问题。典礼、仪式和故事分享就是很好的方式。初期，与集团核心校共同举办的仪式、典礼，能增强薄弱学校教师的归属感。中后期，讲好薄弱学校改进的故事，特别是模范榜样的故事，能加快教师转换思路，孕育新的组织文化。

1. 明确文化建设一把手责任

作为组织而言，文化与领导者保持着密不可分的联系，领导者在创造组织的同时，也为组织文化的培育提供了起点。在薄弱学校中，校长是重要的管理者，也是文化建设者，需要对学校文化发展负责，要具备创新、规划和引领学校发展等方面的能力。一方面，薄弱学校领导者要将激发师生员工的热情，视为工作的一个重点，也要重视文化建设，营造和谐、温馨的氛围，使所有师生员工都能在日常工作中践行核心价值观，这是实现共同发展的必要前提。另一方面，领导者不能只是关注学校是否实现了发展目标，而且要有强烈的使命感，要对发展过程高度关注，让全体师生共享发展成果。

2. 努力激发全体教职工潜能

学校文化的核心体现在广大教职工的群体价值观念、道德准则和行为方式上。在组织文化建设中，人是有无限潜能、活跃程度最高的因素，必须要调动所有成员的主观能动性，使之能积极投身于组织文化建设中。对核心校文化的认同是薄弱学校改进的难点。一方面，受客观条件的限制。有的集团核心校虽然也意识到举办仪式对文化认同很重要，但是要找到能容纳集团那么多教职工的场地不是件容易的事情，再加上近年来疫情的影响，线上会议居多，导致薄弱学校教师没有机会体会现场的仪式感。另一方面，文化认同建设短期内难见效果。鉴于此，有的薄弱学校在改进的过程中，也就不太重视文化建设，更谈不上文化认同。因此，在薄弱学校组织文化建设中，要通过讲故事、举行仪式和典礼，以及“校园文化周”“名师交流”等途径帮助教职工认同核心校文化，激发薄弱学校师生参与学校文化建设的热情；要在薄弱学校加入集团化办学的过程中，增强每一名教职工内心的安全感；在重塑与建设文化过程中，要把全体教职工看作主力军，通过引领与激励使他们的潜能得到充分释放，同时也要采取有效方式与教职工进行沟通。

3. 建设物质及精神文化

成员校文化建设是集团文化建设的主体与外显。作为薄弱学校，一方面要建设好物质环境。在建校初期规划好建筑物布局，扩大绿化面积，并持续优化校容校貌，合理安排课程。另一方面要建设好精神环境。该方面涉及的内容比较多，例如治学风气，管理风格，师生的态度、行为习惯等。在精神环境建设中，集团尤其要重视引领所有成员校形成良好的风气，把这当成一项重要工作。总之，既要为所有师生员工创设整洁、美观、幽雅的校园环境，又要在塑造良好人格、进行情感熏陶、矫正不当习惯等方面产生积极影响，让正确的发展理念、良好的价值观得到所有师生员工的认同。

4. 找到文化融合的切入点

文化，特别是隐性文化的形成很难在短期内实现。工作氛围的形成是一个长期的过程。学校品牌在社会中的口碑也不是一朝一夕能实现的。文化的力量和效果很难用客观的标准去界定。例如，一次薄弱学校改进故事的分享，到底有多大效果，很难界定，但是坚持做，必会产生一定的效果。管理者需要找到文化融合中的契合点并进行专门设计，打通不同文化融合的堵点，通过长期的坚持，形成薄弱学校自己的文化特色。

参考文献

一、中文文献

[1]鲍传友．农村薄弱学校的信心缺失与信任重建[J].中国教育学刊，2017(03):50-53.

[2]伯克·约翰逊，拉里·克里斯滕森．教育研究定量、定性和混合方法[M].重庆:重庆大学出版社，2020.

[3]蔡心心，秦一鸣，李军．教育改进学的创建与中国探索:知识基础与学科框架[J].清华大学教育研究，2020(03):25-33.

[4]曹美琦．基础教育集团化办学的实践反思[J].教学与管理，2018(10):9-12.

[5]陈丽．学校改进的特征与价值取向分析[J].教育科学研究，2010(11):5-8.

[6]陈霖，杜明军．集团化办学环境下网络联合教研模式的建构与实践——以某教育集团“联合教研”项目为例[J].中国信息技术教育，2021(02):89-93.

[7]丁亚东．集团化办学能提升学生学习成绩吗？——基于 CEPS 数据的经验研究[J].上海教育科研，2019(06):39-44.

[8]杜玲玲，段鹏阳．我国基础教育学区制与集团化办学研究回顾及展

望(1992—2019)——基于 CiteSpace 的可视化分析[J].当代教育论坛,2020(03):1-11.

[9]段恒耀．论名校集团化办学中的学校组织间关系形态及其治理[J].教育理论与实践,2018(16):21-25.

[10]范小梅,戴晖,刘晓．我国基础教育集团化办学的实践逻辑[J].教育与教学研究,2020,34(01):87-98.

[11]范小梅,戴晖．基础教育集团化办学的缘起、动因与实现路径[J].教学与管理,2019(34):12-14.

[12]范勇,田汉族．基础教育集团化办学热的冷思考——基于成本与风险视角[J].教育科学研究,2017(06):32-36.

[13]费蔚．激发集团化办学活力推进基础教育高质量发展[J].教育发展研究,2021(02):3.

[14]冯宏义,许明．美国扶助薄弱中小学的主要措施[J].比较教育研究,2004(01):48-53.

[15]冯明,张萌．为了公平而有质量的教育——2018 年基础教育学区化集团化办学城市论坛会议综述[J].上海教育科研,2019(10):92-95.

[16]傅荣．新时代集团化办学的广州模式探索[J].上海教育科研,2018(02):25-29.

[17]高鹏怀,刘继为,李雪飞．基础教育集团化办学的模式、问题与进路[J].教学与管理,2021(21):39-42.

[18]高耀明,魏志春．论我国教育集团发展的现状和趋势[J].高等教育研究,2001(06):36-42.

[19]顾光海．新疆生产建设兵团体制转型研究[D].武汉:武汉大学,2009.

[20]郭清扬．义务教育均衡发展与农村薄弱学校建设[J].华中师范大学学报(人文社会科学版),2013,52(01):161-168.

[21]韩笑,陈唤春,李军．教育改进学的创建与中国探索:方法论[J].清华大学教育研究,2020,41(03):34-41.

[22]杭州市人民政府．关于深化改革加快发展率先实现基础教育现代化的决定[EB/OL]．(2002-06-21)[2023-03-20]．http://www.hangzhou.gov.cn/art/2003/1/26/art_809447_1983.html.

[23]贺武华，杨小芳．薄弱学校发展困境的社会学解释[J]．教育发展研究，2006(14)：48-52.

[24]贺武华．杭州名校集团化政策过程分析——基于政策精英理性主导的视角[J]．教育发展研究，2009(05)：18-23.

[25]胡定荣，徐昌，李先平，黄晓青．影响薄弱学校初中生学业成绩的主因素分析[J]．教育理论与实践，2010(29)：39-41.

[26]胡伶．校际均衡发展的政策工具分析[J]．当代教育科学，2009(23)：14-19.

[27]贾建国．强制性制度变迁视角下的基础教育集团化办学分析[J]．教育科学，2016，32(03)：69-73.

[28]江虹．以社区参与促进基础教育集团化办学供给侧改革[J]．当代教育科学，2016(23)：30-33.

[29]姜慧敏．民办学校集团化办学的运行机制研究[D]．南京：南京师范大学，2020.

[30]晋银峰．我国薄弱学校改革发展三十年[J]．课程·教材·教法，2015，35(10)：3-9.

[31]赖腾玉．青羊区集团化办学促进义务教育资源均衡配置的案例研究[D]．成都：电子科技大学，2022.

[32]李·G．鲍曼，特伦斯·E．迪尔．组织重构——艺术、选择及领导[M]．北京：高等教育出版社，2008.

[33]李多慧，姚继军．基础教育集团化办学促进了师资均衡吗——基于南京市小学校级数据的政策效果分析[J]．基础教育，2019，16(03)：58-69.

[34]李慧，杨颖秀．薄弱学校改进中行政部门的政策责任与策略[J]．教学与管理，2010(22)：12-13.

[35]李茂菊,修旗,李军．教育改进学的创建与中国探索:专业改进共同体[J].清华大学教育研究,2020(04):18-27.

[36]李锐利．从失败走向成功——英国改进薄弱学校的措施对我国的启示[J].外国中小学教育,2003(02):12-17.

[37]李威璎,徐玲,王寰安．基础教育集团化办学机制的政策工具研究——基于16个城市政策文本的内容分析[J].基础教育,2021,18(02):103-112.

[38]李想,何得桂．制度同构视野下党建引领新型农村集体经济发展的过程与机制——基于“三联”促发展工作实践的分析[J].党政研究,2022(04):72-83.

[39]李彦青,孟繁华．由稀释到共生:基础教育集团化建设的突破与超越[J].中国教育学刊,2016(05):57-61.

[40]李奕．集团化办学:基础教育基本公共服务模式的转型升级[J].人民教育,2017(11):15-20.

[41]理查德·H. 霍尔．组织:结构、过程及结果[M].上海:上海财经大学出版社,2003.

[42]梁淑丽．义务教育推进优质均衡背景下名校集团化办学问题研究[D].南京:南京师范大学,2013.

[43]刘艳萍．战略管理视角下的薄弱学校改进路径研究[J].中小学管理,2020(05):24-27.

[44]陆旭东．信念的力量——A校信念管理实践探索的回顾性研究[D].上海:华东师范大学,2006.

[45]马一先．农村小规模学校集团化办学影响因素研究[D].沈阳:沈阳师范大学,2021.

[46]孟繁华,张蕾,佘勇．试论我国基础教育集团化办学的三大模式[J].教育研究,2016,37(10):40-45.

[47]孟繁华．集团化办学:超越传统的学校组织形式[J].中国教育学刊,2020(11):5.

[48]莫丽娟."堕落"与"逃离":应试压力下农村薄弱学校教师的顺从与反抗[J].当代教育科学,2017(01):62-67.

[49]倪中华,李霞,马红洁.美国经验:美国的特许学校[J].上海教育,2019(26):66-67.

[50]倪中华,李霞,马红洁.英国经验:英国的"国家教学学校联盟"和"学院制学校信托"[J].上海教育,2019(29):66-67.

[51]蒲蕊.有效的学校改进:一种实施策略的视角[J].教育科学研究,2010(03):27-31.

[52]漆美玲.国内民办教育集团的品牌文化构建策略研究[D].武汉:武汉理工大学,2020.

[53]强金龙.论薄弱学校的改造与建设[J].法制与社会,2011(04):199-200.

[54]秦一鸣,蔡心心,李军.教育改进学的创建与中国探索:科学内涵与理论溯源[J].清华大学教育研究,2020(03):15-24.

[55]石小岑,陈茂华.基础教育集团化办学逻辑与发展路径[J].未来与发展,2021,45(04):90-93.

[56]史成明.西方学校改进运动对中国基础教育的启示[J].外国中小学教育,2011(07):23-26.

[57]孙雪荧,殷爽.日本"内发式学校改进"进程与路向研究[J].比较教育研究,2020,42(09):76-82.

[58]陶西平.关于集团化办学的思考[J].中小学管理,2014(05):59.

[59]王建学.中小学校自主改进策略研究[D].西安:陕西师范大学,2021.

[60]王俊锋.中国开发区制度扩散机制研究[D].北京:中共中央党校,2021.

[61]王丽华.薄弱学校改进的个案研究[J].教育发展研究,2007(20):33-37.

[62]王鑫,赵一鸣.从政府层面分析基础薄弱学校的成因和改造对策

[J].齐齐哈尔师范高等专科学校学报,2012(02):35-36.

[63]毋改霞,祁占勇,罗淦匀.薄弱学校教师专业发展的现状与改进——基于X市59所初中的调查[J].教育理论与实践,2021(32):40-44.

[64]吴烨茜.上海集团化办学研究[D].上海:华东师范大学,2016.

[65]武亚娟.基础教育集团化办学研究[D].西安:陕西师范大学,2013.

[66]习近平.高举中国特色社会主义伟大旗帜 为全面建设社会主义现代化国家而团结奋斗——在中国共产党第二十次全国代表大会上的报告(2022年10月16日)[N].人民日报,2022-10-26(1).

[67]肖丽丹.哈尔滨市义务教育集团化办学的问题及对策研究[D].哈尔滨:哈尔滨师范大学,2020.

[68]熊梅,陈纲.标本兼治综合治理——关于我国部分大中城市义务教育阶段加强薄弱学校建设情况的调研报告[J].教育研究,2020(04):39-45.

[69]徐长虹,徐玲.我国中小学学校改进研究述评与展望——基于2005—2021年CNKI文献的知识图谱分析[J].教育经济评论,2022,7(04):112-128.

[70]杨广晖,王瑜.美国特许学校的得失经验与启示[J].教学与管理,2020(10):80-83.

[71]杨建朝.薄弱学校何以可能变革成功:从帮扶补偿到可行能力[J].教育科学研究,2019(04):21-27.

[72]杨敏,汪菲.集团化办学的历史演进、发展模式与优化路径[J].当代教育理论与实践,2021,13(02):1-6.

[73]杨小微.探寻区域义务教育优质均衡发展的新机制——以集团化办学为例[J].教育发展研究,2014,33(24):1-9.

[74]杨晓莹,杨小微.共享发展:基础教育集团化办学的路径探寻[J].教育发展研究,2020,40(02):34-41.

[75]杨晓莹.参与、互动、共享:基础教育集团化办学的治理机制探寻

[D]. 上海:华东师范大学,2021.

[76]俞明雅. 基础教育集团化办学的实践困境与破解策略——基于江苏省的调研分析[J]. 中国教育学刊,2020(11):13-19.

[77]袁耀宗. 基于 CiteSpace 的中小学集团化办学研究知识图谱分析[J]. 信阳师范学院学报(哲学社会科学版),2021,41(01):65-71.

[78]张慧峰. 集团化办学模式下的委托管理研究[D]. 北京:中央民族大学,2017.

[79]张宁. 美国"力争上游"计划下薄弱学校改进项目研究[D]. 保定:河北大学,2021.

[80]张琦童. 以集团化办学模式推进基础教育城乡均等化研究[D]. 济南:山东大学,2020.

[81]张爽. 关系主义方法论视角下基础教育集团化办学评估[J]. 教育研究,2021,42(09):70-80.

[82]张爽. 基础教育公立学校教育集团建设的实践途径研究[J]. 教育学报,2015,11(06):42-48.

[83]张爽. 基础教育集团化办学的模式研究[J]. 教育研究,2017,38(06):87-94.

[84]张爽. 教育治理现代化视阈下基础教育集团化办学的中国道路[J]. 中国教育学刊,2020(11):1-6.

[85]章继钢. 名校集团化助推基础教育优质均衡发展[J]. 教学与管理,2020(19):12-13.

[86]郑立群,胡颖哲,曾庆伟等. 基本系统论的薄弱学校改进策略[J]. 当代教育科学,2019(07):72-77.

[87]郑洋. 薄弱学校改进策略的案例研究[D]. 长春:东北师范大学,2010.

[88]郑玉莲. 我国中小学校长轮岗现状及其改进路径:县域系统领导力的视角[J]. 全球教育展望,2020,49(07):46-61.

[89]中共中央办公厅、国务院办公厅印发《关于深化教育体制机制改革

的意见》[EB/OL].(2017-09-25)[2023-03-20].http://www.moe.gov.cn/jyb_xwfb/s6052/moe_838/201709/t20170925_315201.html.

[90]国务院关于基础教育改革与发展的决定[EB/OL].(2001-05-29)[2023-03-20].http://www.moe.gov.cn/jyb_xxgk/moe_1777/moe_1778/201412/t20141217_181775.html.

[91]教育部关于贯彻落实科学发展观 进一步推进义务教育均衡发展的意见[EB/OL].(2010-01-19)[2023-03-20].http://www.moe.gov.cn/srcsite/A06/s3321/201001/t20100119_87759.html.

[92]国务院印发《关于统筹推进县域内城乡义务教育一体化改革发展的若干意见》[EB/OL].(2016-07-02)[2023-03-20].http://www.moe.gov.cn/jyb_xwfb/s6052/moe_838/201607/t20160712_271507.html.

[93]国务院关于印发国家教育事业发展"十三五"规划的通知[EB/OL].(2017-01-10)[2023-03-20].http://www.moe.gov.cn/jyb_xxgk/moe_1777/moe_1778/201701/t20170119_295319.html.

[94]国务院关于深入推进义务教育均衡发展的意见[EB/OL].(2012-09-07)[2023-03-20].http://www.gov.cn/zwgk/2012-09/07/content_2218783.htm.

[95]钟秉林．关于基础教育集团化办学的若干思考[J].中国教育学刊,2017(12):3.

[96]周常稳,周霖．文化社会学视阈下薄弱学校的形成机制及改进路径[J].理论月刊,2019(08):154-160.

[97]周兴国．薄弱学校改进的困境与出路:制度分析理论的视角[J].教育发展研究,2010,30(04):6-9.

[98]朱红霞．重构与接管:美国改进薄弱学校的策略[J].中小学管理,2004(04):55-56.

[99]朱利霞,杨涛．教育集团化办学的协同推进研究[J].教学与管理,2019(33):31-35.

[100]朱向军．基础教育均衡发展的杭州模式——名校集团化办学剖

析[C]//中国教育学会教育经济学分会.2005年中国教育经济学年会会议论文集.杭州:浙江省杭州市教育局,2005:24.

[101]朱向军.名校集团化办学:基础教育均衡发展的“杭州模式”[J].教育发展研究,2006(09):18-23.

二、英文文献

[1]Armstrong P W,Brown C,Chapman C J. School-to-school collaboration in England: a configurative review of the empirical evidence[J]. Review of education,2021,9(1): 319-351.

[2]Azorín C M,Muijs D. Networks and collaboration in Spanish education policy[J]. Educational research,2017,59(3): 273-296.

[3] Baker B D, Libby K, Wiley K. Spending by the major charter management organizations: comparing charter school and local public district financial resources in New York, Ohio, and Texas[R]. Colorado: National Education Policy Center,2012.

[4] Barnard C I. The functions of the executive[M]. Massachusetts: Harvard University Press,1968.

[5] Blau P M. On the nature of organization[M]. New York: John Wiley,1974.

[6]Bolman L G,Gallos J V. Reframing academic leadership[M]. Indiana: Jossey-Bass,2011.

[7]Boser U. Race to the top: what have we learned from the states so far? A state-by-state evaluation of race to the top performance[R]. Washington: Center for American Progress,2012.

[8] Brinson D, Rhim L M. Breaking the habit of low performance: successful school restructuring stories[R]. Philadelphia: Center on Innovation and Improvement,2009.

[9] Campbell C, Heyward G, Jochim A. Addressing persistently underperforming schools: evidence and common challenges[R]. Washington: Center on Reinventing Public Education, 2018.

[10] Cannata M, Engel M. Does charter status determine preferences? Comparing the hiring preferences of charter and traditional public school principals[J]. Education finance and policy, 2012, 7(4): 455-488.

[11] Coleman A. Towards a blended model of leadership for school-based collaborations[J]. Educational management administration and leadership, 2011, 39(3): 296-316.

[12] Dalieh F T. Liberian educational stakeholders' perceptions of overcrowding in an urban public elementary school in Monrovia[D]. Minnesota: Walden University, 2017.

[13] Daud Y, Raman A, Don Y, et al. The type of culture at a high performance schools and low performance school in the state of Kedah[J]. International education studies, 2015, 8(2): 21-31.

[14] Deal T E, Kennedy A A. Corporate cultures: the rites and rituals of corporate life[M]. Boston: Addison Wesley, 1982.

[15] DeArmond M, Gross B, Bowen M, et al. Managing talent for school coherence: learning from charter management organizations[R]. Washington: Center on Reinventing Public Education, 2012.

[16] Ford M R, Ihrke D M. School board member definitions of accountability: a comparison of charter and traditional public school board members[J]. Journal of educational administration, 2017, 55(3): 280-296.

[17] Review of "charter-school management organizations: diverse strategies and diverse student impacts"[EB/OL]. (2012-01-19)[2023-03-25]. https://nepc.colorado.edu/sites/default/files/TTR-CMOeffect-Math-Fuller.pdf.

[18] Fulton A R. Examining the effectiveness of turnaround models in

Florida public schools[D]. Florida: Florida Atlantic University,2018.

[19]Fulton T T. High school principal instructional leadership behavior in high and low need and high and low achievement schools[D]. New York: Dowling College,2009.

[20] Furgeson J, Gill B, Haimson J, et al. Charter-school management organizations: diverse strategies and diverse student impacts[R]. California: Mathematica Policy Research,2012.

[21] Hadfield M, Ainscow M. Inside a self-improving school system: collaboration, competition and transition[J]. Journal of educational change, 2018,19: 441-462.

[22] Heystek J, Emekako R. Leadership and motivation for improved academic performance in schools in low socio-economic contexts[J]. International journal of educational management,2020,34(9): 1403-1415.

[23]Hodgman M R. Desktop virtualization: applications and considerations [J]. Contemporary issues in education research,2013,6(1): 123-132.

[24]Kaniuka T S. Toward an understanding of how teachers change during school reform: considerations for educational leadership and school improvement [J]. Journal of educational change,2012,13: 327-346.

[25]Keddie A. Academisation, school collaboration and the primary school sector in England: a story of six school leaders[J]. School leadership & management,2016,36(2): 169-183.

[26] Kelsen V E. School principals, leadership coaches, and student achievement: enhancing self-efficacy through the coaching relationship[D]. California: Claremont Graduate University,2011.

[27]Kimzey B R. Engaging teachers to improve administrative support in an urban middle school: an action research study[D]. Virginia: College of William and Mary,2019.

[28] Lake R, Bowen M, Demeritt A, et al. Learning from charter school

management organizations: strategies for student behavior and teacher coaching [R]. New Jersey: Center on Reinventing Public Education and Mathematica Policy Research, 2012.

[29] Lee G B, Tedrrence E D. Reframing organizations: artistry, choice, and leadership[M]. San Francisco: Jossey-Bass, 2017.

[30] Levy L A. Exemplary leadership: a study of leadership practices that enable sustained academic achievement in high-need schools [D]. Arizona: Arizona State University, 2010.

[31] Lomax P, Darley J. Inter-school links, liaison and networking: Collaboration or competition? [J]. Educational management & administration, 1995, 23(3): 148-161.

[32] Mann B. Compete, conform, or both? School district responses to statewide cyber charter schools [J]. Journal of school choice, 2020, 14(1): 49-74.

[33] Maroulis S, Santillano R, Jabbar H, et al. The push and pull of school performance: evidence from student mobility in New Orleans [J]. American journal of education, 2019, 125(3): 345-380.

[34] McKown J, Schick L, Miles K H. Supporting school turnaround: breaking the vicious cycle of underperformance [R]. Massachusetts: Education Resource Strategies, 2020.

[35] Muijs D, Rumyantseva N. Coopetition in education: collaborating in a competitive environment[J]. Journal of educational change, 2014, 15: 1-18.

[36] Muijs D, West M, Ainscow M. Why network? Theoretical perspectives on networking[J]. School effectiveness and school improvement, 2010, 21(1): 5-26.

[37] Muijs D. Improving schools through collaboration: a mixed methods study of school-to-school partnerships in the primary sector[J]. Oxford review of education, 2015, 41(5): 563-586.

[38] Nicholson-Crotty S, Staley T. Competitive federalism and race to the top application decisions in the American states[J]. Educational policy, 2012, 26(1): 160-184.

[39] Peffer J. Organizational design[M]. New York: AHM Publishing Corporation, 1978.

[40] Pino-Yancovic M, Ahumada L. Collaborative inquiry networks: the challenge to promote network leadership capacities in Chile[J]. School leadership & management, 2020, 40(2-3): 221-241.

[41] Ponce J J. The initial and sustaining leadership actions taken by the transformational leadership group in the development of the Dallas Achieves! Transformational theory of action framework[D]. Texas: University of Texas at Austin, 2009.

[42] Sartory K, Jungermann A K, Jirvinen H. Support for school-to-school networks: how networking teachers perceive support activities of a local coordinating agency[J]. British journal of educational studies, 2017, 65(2): 143-165.

[43] Schein E H. Organizational culture and leadership[M]. San Francisco: Jossey-Bass, 1992.

[44] Smith J, Wohlstetter P, Kuzin C A, et al. Parent involvement in urban charter schools: new strategies for increasing participation[J]. School community journal, 2011, 21(1): 71-94.

[45] Weber M. The theory of social and economic organization[M]. New York: Free Press, 1947.

[46] Whitmyer C P. A bolman and deal framework of science teachers' beliefs on teacher preparation and reform practices for diverse learners[D]. Washington: Howard University, 2016.

[47] Wohlstetter P, Wenning R, Briggs K L. Charter schools in the United States: the question of autonomy[J]. Educational policy, 1995, 9(4): 331

-358.

[48] Wong - Kam J A. Creating a climate for innovation in education: reframing structure, culture, and leadership practices[D]. California: University of Southern California, 2012.

[49] Zai R. Reframing general education[J]. The journal of general education, 2015, 64(3): 196-217.